어르신을 위한
평생감사

생명의말씀사

어르신을 위한
평생감사

ⓒ 생명의말씀사 2012

2012년 4월 15일 1판 1쇄 발행

펴낸이 | 김창영
펴낸곳 | 생명의말씀사

등록 | 1962. 1. 10. No.300-1962-1
주소 | 서울 종로구 송월동 32-43(110-101)
전화 | 02)738-6555(본사) · 02)3159-7979(영업)
팩스 | 02)739-3824(본사) · 080-022-8585(영업)

지은이 | 전 광

기획편집 | 유선영, 서지연
디자인 | 조현진, 백선웅
인쇄 | 영진문원
제본 | 정문바인텍

ISBN 978-89-04-15982-6 (03230)

저작권자의 허락없이 이 책의 일부 또는 전체를
무단 복제, 전재, 발췌하면 저작권법에 의해 처벌을 받습니다.

어르신을 위한
평생감사

추천의 글 | 홍정길 _ 남서울은혜교회 담임목사

감사는 곧 믿음이다

종은 칠 때 종이고 장작은 타오를 때 불인 것처럼, 믿음은 감사할 때 믿음입니다. 나에게 베푸신 하나님의 은혜를 기억하고 감사한다면 그것은 살아 있는 믿음입니다. 믿음은 감사와 비례합니다.

   감사는 곧 기억입니다. 그래서 은혜를 기억하지 않는 것을 배은망덕이라고 합니다. 놀랍게도 우리가 기억하는 순간, 그 속에 임재하시는 하나님의 손길을 느끼고 그분의 눈동자를 봅니다. 기억하지 않는다면 그냥 의미 없이 흘러가는 시간 속의 한 사건에 불과한 일들이, 기억하고 감사하면 그 안에서 하나님을 만날 수 있습니다. 믿음으로 하나님을 기억하고 감사하는 사람에게 하나님은 언제나 '임마누엘' 이십니다.

하나님의 은혜를 기억하지 않고 감사하지 않는 사람에게 미래는 없습니다.

전광 목사님은 이 책에서 삶 속에 차곡차곡 쌓인 아름다운 기억들을 펼쳐 믿음의 새 길을 열어 놓았습니다. 그의 언어는 심장까지 파고드는 힘이 있습니다. 본서는 감사를 훈련하고, 감사하는 법에 관한 지침서가 될 뿐 아니라 감사의 좋은 교본이 될 줄 믿습니다.

성경은 말합니다. "범사에 감사하라 이는 그리스도 예수 안에서 너희를 향하신 하나님의 뜻이니라"살전 5:18. 그렇습니다. 하나님의 뜻에 감사하는 것, 온전한 믿음의 결론입니다. 살아 계신 하나님께서 이 책 통해 영광 받으실 줄을 확신합니다.

추천의 글 | 오정현 _ 사랑의교회 담임목사

감사는 신앙의 꼭짓점

전광 목사님은 백악관을 기도실로 만든 대통령 링컨의 위대한 삶을 통해 '기도'의 힘을 드러냄으로써 많은 이들을 하나님 앞에 무릎 꿇게 하고, 성경이 만든 사람, 백화점 왕 워너메이커가 삶의 지표로 삼았던 '말씀' 앞으로 우리 모두를 다가앉게 했습니다.

이제 전광 목사님은 우리가 어떠한 상황에 처해 있건 상관없이 누릴 수 있는 놀라운 축복의 열쇠를 내어놓습니다. 그것은 링컨처럼 위대한 기도의 사람이 아니더라도, 워너메이커처럼 말씀으로 무장된 사람이 아니더라도 우리의 작고 소소한 일상 가운데서 기적을 만들어 내고 천국을 이뤄갈 수 있는 행복의 핵심 코드, '감사'입니다.

"어떤 아름다운 것도 거기서 감사를 제거하면 절름발이가 되고 만다"는 말처럼, 감사는 말씀과 기도와 함께 신앙의 삼각돛의 한 꼭짓점

입니다. 전광 목사님의 다음 책을 기대하고 있던 차에 접하게 된 평생 감사는 우리의 신앙 항로에 꼭 필요한 삼각돛의 한 부분을 완성하는 귀한 책이라고 생각합니다.

이 책은 많은 성경의 인물들과 신앙의 위인들뿐 아니라 동시대를 살아가는 우리 이웃들의 작은 감사가 만들어 낸 삶의 기적들을 통해 감사와 기적의 선순환과 그 풍성한 열매들을 보여 주고 있습니다.

이 책에서 우리는 이미 하나님께서 '인생에게 행하신 기적으로 말미암아' 감사를 통해 누리는 기적의 삶이 그리스도인들에게는 결코 낯선 것이 아님을 깨닫게 됩니다. 이 책을 통해 우리 인생의 배가 성령의 바람을 힘입어 불평과 탐심의 조류를 거슬러 기적의 신대륙을 발견할 수 있기를 바랍니다.

추천의 글 | 이철환 _ 〈연탄길〉〈곰보빵〉 저자

감사는 마음을 비추는 별빛

가장 평범한 하루가 가장 행복한 하루라는 것을 이 책을 통해 다시금 알았습니다. 고양이가 많다고 불평하면, 머지않아 생쥐가 많다고 불평해야 합니다.

우리들 인생이 그렇습니다. 당연한 것을 감사하기 시작하면, 또 하나의 열매가 만들어진다는 말씀도 소중히 담았습니다. 감사한 마음으로 살겠습니다.

책 속에 가득한 감사의 말씀이 독자들 가슴 속에 하얀 눈처럼 소복소복 쌓였으면 좋겠습니다. 하나님의 아름다운 이야기들이 지붕 낮은 집 유리창마다 노오란 별빛이 돼 주었으면 좋겠습니다.

프롤로그 |

인생을 감사로 물들여라

미국 생활을 정리하고 한국에 돌아와서 아내와 함께 제일 먼저 한 일은 당장 필요한 생필품 목록을 작성하는 것이었다. 하나 둘 적어 내려가다 보니 의외로 필요한 물품들이 많았다. 불현듯 미국에 처음 도착했을 때, 아무것도 없는 아파트 카펫 위에 신문지 한 장을 깔아 놓고 밥 한 끼를 먹었던 기억이 떠올랐다.

며칠 동안 신문지 바닥 위에서의 식사는 계속되었지만 그곳에서 8년 넘게 살다 돌아올 즈음, 짐을 정리하다 보니 너무 많은 짐 보따리에 나 스스로도 놀랐었다. 한국에 도착해서도 역시 우리 가족은 방바닥에서 신문지 한 장 깔고 밥 한 끼를 먹는 것으로 단출하게 시작했는데 1년여의 세월이 흐르고 나서 보니 운동장같이 넓게만 여겨졌던 집은 구석구석 물건들로 가득 차 버렸다.

사회학자들의 분석에 따르면, 1950년대 지구촌 사람들에게 필요한 생필품은 72가지였고, 절대 필요한 필수품은 18가지였다고 한다. 그런데 2천 년대를 살고 있는 현대인들의 생필품은 500가지 이상이고, 꼭 필요한 물품만도 50가지가 넘는다고 한다. 필요한 생필품을 더 많이 누리며 사는 현대인들이라고 과연 5, 60여 년 전 사람들보다 더 행복하고 감사할까?

　내가 살던 시골에 전기가 처음 들어온 것은 초등학교 6학년 때였다. 전기가 처음 들어온 날, 우리 집에는 벼 수확을 마친 동네 아저씨들이 저녁식사를 하기 위해 모여 있었다. 방 안에서는 전기 기술자가 가설 작업을 하다 일이 늦어져 호롱불을 켜고 한창 마무리 작업에 열중하느라 분주했고, 나는 호기심 어린 눈망울로 전등이 켜지기만을 눈이 빠져라 지켜보았다. 마침내 대낮처럼 밝은 형광등이 반짝 켜졌을 때 내 입에서는 탄성이 터져 나왔다. 그때의 기쁨과 놀라움은 지금도 잊혀지지 않는다. 그 후 얼마 지나지 않아 마을에서 가장 잘 사는 친구네가 흑백텔레비전을 들여 놓았는데, 나는 텔레비전을 보기 위해 부모님과 친구의 눈치를 번갈아 살피며 문지방이 닳다시피 친구네 안방을 들락

거렸다. 그때 나는 속으로 우리 집에도 저런 근사한 텔레비전이 있으면 얼마나 행복할까 생각하며 친구를 몹시 부러워했다. 중·고등학교 때는 녹음기를 가지고 영어 회화를 공부하는 친구가 부러웠고, 소풍 갈 때도 카메라를 어깨에 둘러메고 가는 몇몇 친구들을 부러워하는 눈길로 바라보곤 했었다.

요즘 경제적으로 많이 어렵다고 한다. 하지만 불과 30년 전과 비교했을 때 우리의 삶은 의식주 모든 면에서 풍족함을 누리며 살고 있다. 그 당시에는 감히 상상조차 할 수 없었던 승용차를 대다수의 사람들이 소유하고 있고, 휴대폰도 어린 자녀들까지 하나씩 가지고 있다. 내가 중학교 다닐 때만 해도 전화를 걸려면 읍내 우체국까지 자전거를 타고 가야 했는데, 지금은 시골 벽촌에서도 전화 없는 가정이 없을 만큼 전화는 필수품이 되었다. 텔레비전도 요즘은 벽걸이형에다 디지털 화면으로 발전했다. 컴퓨터, 냉장고, 세탁기, 선풍기, 에어컨, 김치 냉장고, 디지털 카메라, 냉온 정수기, 가습기, MP3, 러닝머신 등의 운동기구까지 많은 사람들에게는 필수품이 되어 버렸다.

옛날에는 왕도 제 철이 아니면 먹을 수 없었던 신선한 과일을 이제는 사시사철 먹을 수 있다. 옛날로 돌아간다면 지금의 생활이 왕들도 부러워할 만큼 호사스럽다는 생각이 든다. 가마를 타고 다니던 왕이 자동차를 타고 가는 사람을 본다면 얼마나 부러워하겠는가?

이처럼 대다수의 사람들이 넉넉하고 편리한 생활 속에 살고 있지만 과연 궁색했던 옛날 사람들에 비해 더 행복할까. 안타깝게도 현대인의 삶은 메마르고 영적으로 침체되어 있다. 그리고 이런 삶에는 한 가지 공통점이 있다. 바로 '감사'가 없다는 것이다. 행복해지려면 감사에 눈을 떠야 한다. 많이 가졌다고 행복해지는 것이 아니라 감사하는 사람만이 행복할 수 있다. 행복은 소유의 크기가 아니라 감사의 크기에 비례한다. 감사하는 사람은 행복하다. 감사가 바로 행복의 문을 여는 열쇠이기 때문이다.

나는 이 책을 읽는 모든 이들이 인생에서 가장 소중한 것이 무엇인지 발견하게 되기를 바란다. 그래서 이전과는 다른 인생이 되길 바란다. 무엇보다도 이전의 감사 없는 메마른 인생에서 작은 것에 감동하며 사는 감사 인생이 되길 바란다. 그저 한순간 반짝 감사하고 마는 인생이 아니라 '평생 감사' 하는 행복한 인생이 되길 소원한다. 물론 하루아침에 감사를 생활화하기는 힘들 것이다. 그러나 조금씩 감사를 실천하다 보면 언젠가 평생 감사하는 인생이 될 수 있음을 나는 확신한다. 감사는 깨닫는 자의 것이기 때문이다.

마지막으로 독자들에게 한 가지 당부하고 싶은 것은 이 책을 읽을 때, 전통 차를 마시듯 될 수 있는 대로 천천히 음미하며 읽어 주길 바란다. 전통 차는 입 안에 오래 머금었다가 음미하며 마셔야 맛과 향기가 우러나 깊은 맛을 제대로 느낄 수 있다. 이 책도 천천히 음미하며 읽어야만 진한 감사의 맛과 향기를 느끼게 된다. 마음의 여유를 갖고 책 속의 내용처럼 감사거리를 찾아 자신의 삶 속에 적용해 본다면 이전과는 전혀 다른 삶이 펼쳐질 것이다.

부디 많은 이들이 본서를 통해 감사 바이러스에 감염되어 행복한 인생이 되길 바라고, 가정과 직장, 교회, 나아가서 사회를 감사로 물들인다면 나로선 더 이상 바랄 것이 없겠다. 자, 그럼 지금부터 행복한 인생이 되기 위해 감사의 여행을 함께 떠나 보자.

| 차 례 |

추천의글_ 홍정길 | 오정현 | 이철환 · 04
프롤로그_ 인생을 감사로 물들여라 · 09

봄 Spring

감사는 가슴속에서 피어오르는 아지랑이 같은 것

| **첫 번째 감사** | 행복의 문을 여는 열쇠 · 20

| **두 번째 감사** | 평범한 날들의 소중함 · 25

| **세 번째 감사** | 100만 번의 감사 · 31

| **네 번째 감사** | 토크쇼 여왕의 성공 비밀 · 36

| **다섯 번째 감사** | 하박국의 초월 감사 · 41

| **여섯 번째 감사** | 감사를 방해하는 적 · 48

| **일곱 번째 감사** | 세상에서 가장 아름다운 말 · 59

여름 Summer

감사는 뜨거운 태양빛 가운데 불어오는 시원한 바람 같은 것

| 여덟 번째 감사 | 고통의 선물 · 68

| 아홉 번째 감사 | 두 마을 이야기 · 76

| 열 번째 감사 | 살아 있음을 감사하라 · 82

| 열한 번째 감사 | 가시 감사 · 91

| 열두 번째 감사 | 청교도들의 감사 · 100

| 열세 번째 감사 | 감사가 만든 기적 · 106

| 열네 번째 감사 | 감사할 대상을 찾아라 · 113

| 열다섯 번째 감사 | 벼랑 끝 감사 · 122

가을 Autumn

감사는 톡 터질 것 같은 열매의 풍성함 같은 것

| 열여섯 번째 감사 | 앞 북을 쳐라 · 130

| 열일곱 번째 감사 | 특별한 헌금봉투 · 138

| 열여덟 번째 감사 | 제로(0) 감사 · 142

| 열아홉 번째 감사 | 감사 못할 것 없다 · 150

| 스무 번째 감사 | 첫 번째 감사 조건 · 155

| 스물한 번째 감사 | 아홉 명은 어디에 · 162

| 스물두 번째 감사 | 3차원 감사 · 168

| 스물세 번째 감사 | 전천후 감사 · 175

겨울 Winter

감사는 사뿐히 내려앉는 깨끗한 눈꽃 같은 것

| 스물네 번째 감사 | 날마다 소풍 가는 삶 · 184
| 스물다섯 번째 감사 | 한국 생활에서 느끼는 감사 · 193
| 스물여섯 번째 감사 | 맛있는 감사 · 201
| 스물일곱 번째 감사 | 4중주 감사 · 208
| 스물여덟 번째 감사 | 작은 것을 소중히 여기는 마음 · 215
| 스물아홉 번째 감사 | 평생 감사 인생 · 223

감 사 법_ 내 평생의 감사 Best 10 | 나의 평생 감사 Best 10 · 228 | 229
에필로그_ 감사의 글 · 230

행복해서 감사한 것이 아니라
감사하기 때문에 행복하다.

봄 Spring

감사는 가슴속에서 피어오르는
아지랑이 같은 것

| 첫 번째 감사 |

행복의 문을 여는 열쇠

유대인의 인생 독본인 탈무드를 보면
"세상에서 가장 지혜로운 사람은 배우는 사람이고, 세상에서 가장 행복한 사람은 감사하며 사는 사람이다"라는 말이 있다.

감사하며 사는 사람은 그렇지 못한 사람보다 훨씬 건강하고 행복하다. 감사하지 못하면 마음과 육체는 병들기 쉽고 불행하게 된다.

신체는 감정에 민감하게 반응하기 때문에 감사하면 맥박이 고르게 되고 위장의 활동을 도와 소화력을 증진시켜 기분까지 상쾌하게 만들기 때문에 건강하게 된다는 것이다.

반면, 불평은 혈액순환을 방해하여 맥박을 급하게 하는 동시에 위장의 운동을 정지시켜 뱃속으로 들어온 음식의 소화를 거부해 건강에도 어려움을 겪게 된다고 한다.

그러므로 소유의 유무와 환경의 조건에 상관없이 감사하는 사람들은 행복한 인생을 살게 된다는 것이다.

언젠가 세계 54개국 국민들을 대상으로 행복 지수를 조사해서 발표한 것을 보았다. 그런데 행복 지수가 물질적 소유 또는 환경의 조건에 반비례하게 나타나 행복의 척도를 다시 생각하게 되었다.

가장 행복한 나라로는 대부분의 사람들의 예상을 깨고 최빈국인 방글라데시가 뽑혔다. 그 뒤를 이어 아제르바이잔이 2위, 나이지리아가 3위에 올랐다.

반면에 경제 대국이며 최고의 문화시설과 교육환경, 자연환경 등을 두루 갖춘 선진국들인 미국, 스위스, 독일, 캐나다, 일본 등이 40위권 밖으로 밀려나 큰 충격을 던져 주었으며 우리나라 국민의 행복 지수 또한 23위에 머물렀다.

그런데 가장 행복 지수가 높은 방글라데시가 어떤 나라인가?

1인당 국민소득은 우리나라의 100분의 1수준인 2백 달러로, 세계에서 가장 가난한 나라이다. 인구 밀도는 세계 1위이고 문맹률도 90%를 육박한다. 해마다 국토의 80% 이상이 홍수에 잠겨 수해로 고통 받는다. 천연자원도 없고, 돈이 많은 것도 아니고, 교육 시설이나 의료

시설도 열악하다. 그렇다고 마음껏 즐길 수 있는 문화나 레저 시설이 있는 것도 아니다. 사회는 양극화되어 있고, 뇌물과 부정부패가 만연되어 있다. 그럼에도 그들의 행복 지수는 높다. 그들 중 대부분은 아침에 일어나면 출근할 직장이 없고, 공부할 학교도 없고, 심지어 몸이 불편해도 찾아갈 병원도 없다.

그러나 어려운 생활 속에서도 작은 것에 감사하며 만족한 생활을 하고 있다. 가족들과 이웃들 간에 끈끈한 유대관계를 통해 행복의 끈을 이어가고 있는 것이다.

행복의 요인을 보면 선진국의 경우에 소득 상승이 더 이상 개인의 행복에 크게 영향을 주지 못하는데 비해, 가난한 나라의 경우에는 소득이 조금만 나아져도 삶의 질에 큰 영향을 미친다고 한다.

또한, 가난한 나라의 국민들은 인간관계의 끈끈한 정이 삶의 행복으로 이어진 반면, 선진국의 사람들은 오히려 인간관계에서 비롯한 소외감과 소유의 비교에서 오는 상대적 빈곤감 때문에 불행을 더욱 심하게 느낀다는 것이다. 이처럼 행복 지수는 객관적인 조건이나 지표보다는 행복하다고 느끼는 사람의 주관적인 생각에서 차이를 보인다.

사실, 행복에는 절대 기준이 없다. 어느 수준이 되어야 행복하고 불행한 것인지 정답이 없는 것이다. 행복에는 교과서나 참고서가 있는 것도 아니고, 공식이나 모범 답안이 있는 것도 아니다.

사람이 얼마나 행복한가는

그의 감사함의 깊이에 달려 있다.

감사할 줄 모르면서

행복한 사람을 만날 수 있을까.

행복은 다만 자신이 만들어 가는 것이다. 스스로 생각하고 느끼는 정도에 따라 행복의 크고 작음이 결정되는 것이다. 그러므로 행복은 소유에 비례하기보다는 감사하는 마음에 비례한다.

행복은 없는 것에 관심을 가지는 것이 아니라 있는 것에 자족하는 것이다. 있는 것을 소중하게 여기고 감사하는 사람이 행복한 인생을 살게 된다. 없는 것에 대한 불평이 있는 것에 대한 감사로 변할 때 비로소 행복한 인생이 되는 것이다.

남들보다 가진 것이 없어도 있는 것에 대해서 자족하고, 작은 것이라도 내 삶을 채워 주는 조건이 있다면, 감사하며 사는 것이 곧 행복이다. 그래서 칼 힐티는 그의 '행복론'에서 행복의 첫 번째 조건을 감사로 꼽았다.

"감사하라. 그러면 젊어진다. 감사하라. 그러면 발전이 있다. 감사하라. 그러면 기쁨이 있다."

지극히 작은 일에도 감사히 여길 수 있는 마음을 가진 사람은 행복지수도 높다. 사람은 행복해서 감사하는 것이 아니라, 감사하며 살기 때문에 행복해지는 것이다. 감사는 분명 행복의 문을 여는 열쇠이다.

| 두 번째 감사 |

평범한 날들의 소중함

일전에 나는 농촌에서 목회하시는 어느 목사님의 글을 읽고 너무나 공감이 되어 나도 모르게 웃은 기억이 있다.

그 시골 목사님은 날마다 반복되는 목회 사역이 지루해서 뭔가 새로운 일이 일어났으면 하는 바람으로 하루하루를 살았다고 한다. 자고 일어나면 새벽기도, 수요예배, 금요예배, 주일예배, 낮에는 심방, 그 사이 시간들은 짬짬이 설교 준비…….

이러한 생활 패턴은 어느 목사님이나 거의 비슷하겠지만, 아무튼 시골 목사님은 너무나 조용한 시골에서의 반복되는 일상에 지쳐 가고 있었다.

그런데 그러한 생각을 확 돌려놓은 한 사건이 일어났다.

목사님은 선물 받은 진돗개를 기르고 있었는데 이 진돗개가 새끼 세 마리를 낳게 되었다. 그런데 새끼를 낳고 며칠 후인 늦은 토요일 밤에 어미 개가 안절부절하면서 '깨갱, 깨갱' 울어대는 것이 아닌가. 진돗개를 길러 본 경험이 없어 온 가족이 허둥대다가 동물병원에 연락을 했다.

그러나 너무 늦은 시간이라 모두들 퇴근했는지 전화 받는 사람이 아무도 없었다. 할 수 없이 목사님은 뜬눈으로 밤을 지새우며 날이 밝기만을 애타게 기다렸다.

다음 날 목사님은 새벽기도를 인도하고 주일 설교 준비도 해야 했지만, 모든 게 엉망이 되어 버렸다. 어미 진돗개와 새끼들이 동시에 우는 소리에 어떻게 새벽예배를 드렸는지 모를 정도로 정신이 혼미했다. 오죽 마음이 급했으면 어미 개와 강아지들 머리 위에 손을 얹고 안수기도까지 했을까.

날이 밝자마자 목사님은 얼른 수의사를 모셔왔다. 어미 진돗개와 새끼들의 상태를 꼼꼼히 진찰한 수의사는 어미 개가 소화 불량이라 새끼들이 젖을 빨지 않은 통에 젖이 불어 아파서 그렇게 짖어댄 것이라며 응급처방으로 어미 개의 젖을 짜주었고, 새끼들에게는 우유를 먹여 다행히 어미 개와 새끼들을 원상태로 회복시켰다. 그제서야 일상의 평온은 다시 찾아왔다.

겨우 일이 해결되어 안심이 된 목사님은 주일 설교 준비도 못한 채 강단에 섰고, 예배 시간 내내 진땀을 흘렸다고 한다.

늘 똑같은 일상의 반복이 지루하다고만 느꼈던 목사님은 하룻밤 사이 일어난 작은 소동으로 힘든 시간을 보낸 것을 생각하며, 그 뒤로 지극히 평범한 일상은 하나님께서 주신 선물이라 여기고 날마다 감사하며 살게 되었다고 한다.

나 또한 미국 생활을 시작한 지 2년쯤 되었을 때, 매일매일의 일상이 너무나 단조로워 지겨운 생각이 든 적이 있었다. 삶의 의욕이 바닥을 치는 기분이랄까. 삶에 대한 설렘이나 기대감 없이 흐르는 시간을 떠나보내는 나의 일상에는 행복도, 감사도 없었다.

우중충한 시카고의 날씨처럼 마음에도 어두운 그늘을 드리운 채 최소한의 의무감으로 살아가던 때였다. 교회를 섬기는 일에 있어서도 첫 순간의 마음처럼 뜨거운 열정과 헌신 그리고 비전과 희망은 온데간데없이 사라지고 마음은 온통 차가운 냉기로 가득했다.

그러던 어느 날 아들 성민이가 다치는 일이 일어났다.

교회에 새로 부임한 목회자 가정에 교인들과 심방 가는 길에 어린 아들 성민이를 데리고 갔는데, 아이들이 함께 놀다가 카펫 위에 떨어진 이쑤시개가 아들 발에 박혀 버린 것이다.

당장 병원으로 가서 X레이 촬영을 하고 결과를 기다렸지만 이쑤시개의 위치는 잘 보이지 않아 대강의 치료만 받고 집으로 돌아왔다. 일단 상태를 지켜보기로 하고 다음 날 학교에 보냈는데, 하교 후 집에 들어서는 아들의 발을 보니 부을 대로 퉁퉁 부어오른 것이었다.

놀란 가슴을 쓸어내리며 아이를 차에 태우고 전속력으로 달렸다. 병원에서는 작은 이쑤시개 조각들을 찾느라 혈안이 되었다. 결국, 몇 조각 찾는 걸로 수술을 끝낸 후 항생제 처방을 받아 집으로 돌아왔다.

그런데 아이의 발은 가라앉을 기색이 전혀 보이질 않았다. 걷지도 못할 정도가 되자 안 되겠다 싶어 병원으로 다시 향했다. 이번에도 수술대에 오른 어린 아들은 아프다고 비명을 질러댔다.

이번에도 이쑤시개와 관련된 이물질은 찾지 못했다.

결국 담당의사가 MRI 촬영을 권했지만 우리의 형편으로는 비용이 너무 많이 드는 일이라 선뜻 대답을 하지 못하고 차일피일 미루고 있었다.

어린 아들은 못난 부모 때문에 약 7개월을 고생했고, 다행히 의사의 주선으로 MRI 촬영을 무료로 받게 되어 마침내 바늘처럼 가느다란 이쑤시개 조각 하나를 빼낼 수 있었다.

나중에 현상한 필름을 보니 이쑤시개의 부러진 반쪽이 네 번째 발가락뼈에 교묘하게 딱 달라붙어 있었고, 뼈의 일부분과 똑같이 바늘처럼 하얗게 보여 육안으로 식별하기에도 불가능해 보였던 것이다. 이렇게 이쑤시개 가시를 빼내고서야 아들의 발이 아물기 시작했다.

나는 몇 달 동안 날마다 아들의 발을 보듬으며 주님의 피 묻은 손으로 안수해 주실 것을 눈물로 기도하였다.

그때 비로소 일상의 평범함이 얼마나 소중하고 감사한 것인지 가슴 깊이 깨달았다. 아이들이 아침에 학교에 갔다가 오후에 돌아오고, 아내가 아침에 일터로 나갔다가 저녁에 돌아오고, 나 또한 주님의 교회를 섬기는 일로 아침에 출근했다가 저녁에 돌아오는 일이 지극히 평범한 일상이지만, 감사하고 감격하며 살아야 할 하나님의 은총의 시간임을 값비싼 대가를 지불하고서야 알게 된 것이다.

평범한 일상의 소중함을 깨닫지 못한 죄로, 7개월 동안 병원을 다니는 일에 매주 또는 격주 월요일마다 시간을 반납하면서 평범한 일상의 소중함에 관한 훈련을 받아야 했다. 그것도 아들이 고통당하는 모습을 직접 지켜보면서 말이다.

그 일 이후 지금까지 평범한 일상을 감사하려고 노력하고 있다.

무엇보다도 하나님의 말씀을 다시 묵상했고, 말씀을 통해서 감사를 회복하게 되었다.

그리고 감사하게도 내 인생에 가장 어둡고 힘들었던 시기에 말씀을 통해 인생의 비전을 발견하게 되었다. 또한, 감사를 회복하는 것과 동시에 다시 희망과 기쁨, 열정, 헌신, 눈물을 회복하였다.

감사가 내 인생을 밝은 빛 가운데로 이끌어 준 것이다.

> "평범한 삶에 대해 감사하는 자세는 하나님께 드리는 최고의 감사기도이다."
> – 버이킷

| 세 번째 감사 |

100만 번의 감사

길면 길고 짧으면 짧았던 8년 정도의 미국 생활을 정리하고 한국 땅을 밟으면서 감사를 다시 한 번 되새기게 되었다.

나는 가족들을 이끌고 고향 땅의 풋풋하고 정겨운 향기를 맡으며 부모님이 계신 강원도 철원으로 향했다. 오랜만에 온 가족이 모여 가정예배를 드렸다.

다들 건강한 모습으로 만나니 기쁘기 그지없었다.

모두 둘러앉아 함께 찬송을 부르고 어머니께서 대표로 기도를 하셨는데, 참으로 감회가 새로웠다. 고맙고 감사하다는 생각이 저절로 들었다.

묵상할 성경 본문으로 시편 136편을 정한 후 '감사 생활'이라는 제목으로 은혜를 나누었다.

이 시편을 묵상하는 동안에 '이것을 기록한 기자는 감사가 생활화된 사람이구나' 생각했다. 왜냐하면 이 곳에는 "감사하라"는 말씀이 무려 26번이나 나오기 때문이다.

처음부터 마지막 구절까지 한 절도 빠지지 않고 '감사'가 넘치고 있다. 선하신 하나님, 지금도 구체적으로 우리를 돌보시는 하나님께서 행하신 26가지 내용을 시편 기자는 조목조목 감사하고 있었다.

감사는 모든 것을 갖춘 사람이 하는 것이 아니라 하나님의 은혜를 깨달은 사람만이 할 수 있는 것이다. 그런 의미에서 시편 기자는 하나님의 크신 은혜를 깨달은 사람이고, 날마다 감격하며 감사의 삶을 사는 사람이라는 사실을 알게 되었다.

시편 기자가 26가지 감사의 조건을 찾아서 감사했던 것처럼, 우리 가족도 그동안 베풀어 주신 하나님의 은혜 26가지를 정리해 보았다. 가족들과 감사 제목을 하나하나 나누며 하나님께서 우리 가정에도 참으로 크신 은혜를 베푸셨구나, 다시 한 번 확인할 수 있는 시간이었다.

나는 부모님께도 감사 제목을 한 가지씩만 말씀해 달라고 부탁드렸다. 그랬더니 아버지께서 "무엇보다도 너희들 모두가 돌아와서 이렇게 예배드릴 수 있는 것이 가장 감사하다"고 하셨다. 어머니와 달리 아직은 믿음이 연약한 아버지로부터 이런 고백을 들으니 가슴이 뭉클해졌다. 그 옛날 부모님이 주님을 영접하시고 구원받으셨을 때의 감격이 되살아났다.

고등학생 시절, 나는 아버님의 구원을 위해 40일 새벽기도를 작정했다. 하루도 빠짐없이 꼬박꼬박 새벽기도를 하면서 아버지가 하나님을 만나고 그분의 은혜를 알게 되는 기적이 일어나기를 간절히 원했다.

그런데 마지막 40일째 되던 날 교회에 나가길 완강하게 거부하시던 아버님이 마음 문을 여시고 교회로 발걸음을 옮기신 것이다. 그 일로 나는 정말 주님은 살아 계시는구나, 확신할 수 있었다.

당시 풋내기 신자였던 내가 처음 겪은 귀한 영적 체험이었다.

감사 목록을 적으면서 우리 4남매 중에 유일하게 주님을 믿지 않았던 누님의 가정이 주님을 영접하고 구원받은 순간도 떠올랐다.

누님의 구원을 위해서는 25년간을 기도했는데, 미국에 있을 때 우리 집에 놀러온 누님이 주님을 만나게 되는 기적이 일어난 것이다. 그때의 감격은 말로 표현할 수조차 없을 정도로 컸다. 지금도 그 순간을 생각하면 가슴이 벅차오르고 절로 감사 찬송이 흘러나온다.

누님 자신도 놀라운 주님의 은혜에 수없이 눈물을 흘렸고, 입술에서는 감사의 고백이 떠나지 않았다. 나는 부모님과 누님의 구원의 순간들을 떠올릴 때면 26번이 아니라 100만 번의 감사로도 부족하다는 생각을 한다.

실제로 텍사스의 한 성공한 실업가가 하나님의 은혜가 너무 감사해서 "하나님, 감사합니다"라는 말을 100만 번 기록한 책을 내려고 출판사를 찾아간 일이 있었다고 한다.

책의 제목은 '100만 번의 감사' 였다. 그런데 원고에는 100만 개의 감사 제목 내용들이 담겨 있는 것이 아니라 "하나님, 감사합니다"라는 말만 가득 적혀 있었다. 결국 어떤 출판사에서도 출판하겠다는 제의를 해오지 않았다.

사실 그는 단지 삶 속에서 일어나는 모든 일에 100만 번이라도 감사해야 하며, 그것이 우리 인생의 축복과 성공의 비결이라는 것을 사람들에게 알리고 싶었던 것이다. 왜냐하면 그는 술과 여자에 빠진 채 폐인이 되어 죽음 직전까지 갔다가 주님을 만나 완전히 새로운 인생을 살게 되었고 사업가로도 성공했기 때문이다. 그래서 놀라운 은혜와 감격을 한 권의 책에 담기를 소망했던 것이다.

아무튼 해프닝으로 끝난 이야기이기는 하지만, 만약 그 책이 출판되었다면 나는 아마 한 권 사서 소장했을 것 같다. 사업가의 마음이 조금이나마 이해가 되기 때문이다. 나 역시 한때 하나님의 은혜가 너무 감사해서 "하나님, 감사합니다"라는 말을 노트에 빼곡히 적었던 기억이 있다. 가슴 설레는 하나님의 사랑과 은혜를 느껴본 사람이라면 100만 번도 더 쓸 수 있을 것이다.

시편 기자도 "감사하고 또 감사하라"고 했다.
그의 감사는 26번만의 감사가 아니라 지면만 허락한다면 100만 번이라도 감사할 수 있을 것처럼 시 전체에 감사가 넘쳐나는 것을 볼 수 있다. 그의 입술에서 감사가 넘치는 것은 마음에 감사가 넘치기 때문이다.
그래서 모든 것이 감사가 되는 것이다. 감사하는 사람에게는 감사가 되지 않을 것이 없다.
시편 기자가 자신의 인생 속에 인자하신 주님이 행하신 일을 하나하나 감사했던 것처럼 내 인생에 임했던 주님의 축복을 가만히 헤아려 보면 어떨까? 26번의 감사가 아니라 100만 번의 감사로도 부족함을 느낄 것이다.

| 네 번째 감사 |

토크쇼 여왕의 성공 비밀

전 세계 132개국 1억 4천만 시청자를 웃고 울리는 오프라 윈프리 쇼! 오프라 윈프리가 자신의 이름을 걸고 진행하는 이 쇼는 에이미상을 30회나 수상했으며 TV 아카데미 명예의 전당에도 올랐다.

그녀는 현재 토크쇼 진행뿐 아니라 여성 전용 케이블 TV '옥시전'의 동업자이자 연출가, TV 프로그램 제작과 출판 및 인터넷 사업 등을 총망라하는 하포 그룹 회장이다. 연예인 가운데 최고의 수입을 올리고 있는 그녀의 재산은 20억 달러가 넘으며, 그야말로 인종과 성의 장벽을 뛰어넘어 성공을 이룬 스타로 모든 사람들의 부러움을 사고 있다.

그러나 그녀의 과거는 현재의 행복과는 동떨어진 삶이었다.

지독히 가난한 미혼모에게서 태어나 어머니의 품이 아닌 할머니 손에서 자라났다. 그곳에서 삼촌에게 성폭행을 당했고, 14세에 출산과 동시에 미혼모가 되었다. 아이는 태어난 지 2주 만에 죽었고, 그 충격에 가출한 후 그녀는 마약 복용으로 하루하루를 지옥같이 살았다. 당시 오프라는 살고자 하는 의욕이 전혀 없는, 107킬로그램의 뚱뚱한 몸매의 불행한 흑인 미혼모에 지나지 않았다.

이처럼 기구한 그녀의 삶에 종지부를 찍게 된 중요한 사건이 발생했다. 그것은 신앙으로 변화된 친아버지와의 재회였다. 거듭난 아버지는 자신의 딸 오프라 윈프리에게 새로운 세상을 보여 주었다.

아버지는 그녀에게 매주 책을 읽게 했고, 성경을 읽고 암송하는 훈련도 시켰다. 처음 접해 본 책은 그녀의 지적 호기심을 자극했으며 삶에 즐거움을 더해 주었다. 또한, 성경은 그녀의 영혼에 숭고한 가치를 심어 주었다.

열아홉 살이 된 오프라는 네쉬빌 TV 방송국에 취직을 했는데, 흑인 여성 최초로 뉴스 앵커로 발탁된 것이었다. 그곳에서 3년을 보낸 그녀는 좀 더 큰 볼티모어의 TV 방송국 6시 뉴스 앵커로 진출했다.

하지만 담당자는 오프라의 뉴스 전달이 너무 감정에 치우친다고 판단하여 그녀를 아침 방송 '사람들이 말하고 있다'로 좌천시켜 버렸다.

그러나 이것은 오히려 그녀에게 전화위복의 기회가 되었다.

오프라는 첫 아침 방송에 대한 소감을 이렇게 밝혔다.

"첫 방송이 끝난 순간, 나는 하나님께 감사했어요. 왜냐하면 내가 하고자 했던 것을 드디어 찾았다는 느낌이 들었거든요. 마치 편안하게 숨 쉬는 것과 같은 기분이 들었어요. 사실 살아가다 보면 원하는 일을 찾지 못할 때가 종종 있잖아요. 오히려 일이 나를 선택할 때도 있고요. 나는 아침 방송으로 좌천되었지만 이제야 진정한 내 일을 찾은 것 같았어요."

비로소 오프라는 자신이 있어야 할 자리를 찾게 되었다. 그녀가 투입된 방송 프로그램 '사람들이 말하고 있다'는 기대 이상의 대성공을 거두었고, 그녀는 토크쇼의 여왕이 되는 첫발을 내딛었다.

현재 오프라는 세계에서 가장 바쁜 사람 중 한 사람이 되었다.

그럼에도 불구하고 그녀가 하루도 빼먹지 않는 일이 있다.

그것은 날마다 '감사 일기'를 적는 습관이다. 하루 동안 일어났던 일 가운데 다섯 가지 감사 목록을 찾아 기록하는 것인데, 감사의 내용은 거창한 것이 아니고 아주 작은 일상의 것들이었다.

1. 오늘도 거뜬하게 잠자리에서 일어날 수 있어서 감사합니다.
2. 유난히 눈부시고 파란 하늘을 보게 해주셔서 감사합니다.
3. 점심 때 맛있는 스파게티를 먹게 해주셔서 감사합니다.
4. 얄미운 짓을 한 동료에게 화내지 않았던 저의 참을성에 감사합니다.
5. 좋은 책을 읽었는데, 그 책을 써 준 작가에게 감사합니다.

그녀는 자신의 감사 목록을 기록하며 인생에서 소중한 것이 무엇이며, 어디에 삶의 초점을 두어야 하는지 배우게 되었다고 고백한다.

결국 삶의 활력소이자 힘의 원천인 감사의 습관이 그녀를 강한 사람으로 만들어 준 것이다.

이처럼 사소한 일상의 것을 감사하며 감격하는 사람만이 삶의 소중함을 깨닫는다.

| 다섯 번째 감사 |

하박국의 초월 감사

감사에 눈뜨면 감사의 조건은 그리 먼 데 있지 않고, 아주 가까이에 있다.

돌아보면 모든 것이 은혜요, 감사다. 내게는 따스한 가정이 있고, 의지할 부모 형제가 있고, 일할 직장이 있고, 일용할 양식이 있고, 입을 옷이 있고, 자연의 아름다움이 있고, 예배드릴 교회가 있고, 사랑을 나눌 성도가 있다. 그러기에 이 모든 것이 감사의 조건이다.

특별히 내가 구원받은 사실은 가장 큰 감사의 조건이 된다.

그리고 우리가 당하는 환난이나 시험조차도 감사의 눈으로 바라보면 내게 유익한 하나님의 선물이 된다. 왜냐하면 하나님은 환난과 고통 속에 정금과 같은 보화를 숨겨 놓으시기 때문이다.

환난 가운데도 굳건히 하나님만 붙들고 그분이 숨겨 놓은 보화를 발견한 인물이 있다면 성경 인물 가운데 단연 하박국일 것이다. 그의 감사를 이야기하다 보면 일상에서조차 감사하지 못하는 나의 모습이 부끄러워지곤 한다.

하박국의 감사는 다가올 전쟁의 두려움 속에서 드린 환난 날의 감사였다.

전쟁이 곧 엄습할 상황, 그것도 당시 가장 강한 나라 바벨론이 유대 나라를 침략할 것이라는 소식을 접한 그는 극한 두려움에 휩싸였다.

"내가 들었으므로 내 창자가 흔들렸고 그 목소리를 인하여 내 입술이 떨렸도다 무리가 우리를 치러 올라오는 환난 날을 내가 기다리므로 내 뼈에 썩이는 것이 들어왔으며 내 몸은 내 처소에서 떨리는도다"
합 3:16.

그의 마음은 전쟁의 공포에 사로잡혀 창자가 흔들리고, 뼈가 썩는 고통을 느꼈다. 또한, 전쟁으로 온 나라가 쑥대밭이 되고, 성전은 파괴되어 폐허로 변하고, 수많은 백성이 목숨을 잃는 아비규환의 상황을 떠올리자 그는 괴로워 견딜 수가 없었다.

그런 환난 날에 그는 주님께 기도를 올렸다.

"주여, 왜 이런 환난과 고통을 당해야만 합니까?"

하박국 선지자는 환난의 이유를 이해할 수 없었다. 그래서 하나님께 기도하고 또 기도했다. 그러자 그의 기도가 마침내 감사기도로 바뀌었다.

나무는 가뭄에 뿌리가 깊어지고 겨울의 찬바람에 단단해지며, 여름 폭풍우와 불볕더위를 견뎌야만 잘 익은 탐스러운 열매를 맺게 된다. 어머니는 해산의 고통을 통하여 자녀에 대한 사랑이 더욱 깊어지며, 부부는 함께 환난과 시련을 겪어야 더 깊은 일체감을 경험하게 된다.

어려운 일을 당할 때 오히려 시련은 인내를, 인내는 연단을, 연단은 감사를 가져온다. 하박국은 환난을 통하여 심지가 견고한 감사의 신앙을 지니게 되었으며, 오히려 환난과 시련의 때에 감사의 노래를 배우게 되었다.

하박국의 감사에서 우리가 배울 또 한 가지는 아무 것도 없는 중에 드린 감사라는 것이다.

"비록 무화과나무가 무성치 못하며 포도나무에 열매가 없으며 감람나무에 소출이 없으며 밭에 식물이 없으며 우리에 양이 없으며 외양간에 소가 없을지라도" 합 3:17.

그는 무화과 열매가 없고, 포도 열매가 없고, 감람 열매가 없고, 밭의 식물이 없고, 우리에 양이 없고, 외양간에 소가 없는 자신의 상황을 말하고 있다. 생존에 필요한 최소한의 양식조차 없다는 것은 희망이 사라진 상태를 말한다.

풍족한 추수를 기대했는데 수확은 고사하고, 설상가상으로 홍수와 태풍으로 소와 양까지 다 떠내려가 버렸다. 양과 소가 없는 것은 제사도 드릴 수 없는 최악의 상황이다.

때는 바야흐로 전쟁의 위험, 의식주의 궁핍, 예배의

위기, 정치적, 경제적, 종교적으로 어느 것 하나 희망이 보이지 않는 절망적 분위기였다. 하박국은 주저앉아 통곡하고 땅을 치며 하나님을 원망하고 싶은 심정이었을 것이다.

그러나 이 우울한 상황에서 그는 어떻게 하였는가?
그는 섭섭한 마음과 불평, 원망, 의심을 다 내어 쫓고 감사와 찬양을 드렸다. 그리고 그는 이런 끔찍한 상황에서 눈물겨운 고백을 한다.

"하나님, 저에게는 이제 아무것도 없습니다. 고기와 과일은 고사하고 밥을 지어 먹을 쌀도 바닥이 났습니다. 채소도 다 떨어졌습니다. 그렇지만 하나님께 대한 감사를 포기할 수는 없습니다."

하박국은 다음과 같이 기도한 것이다.

"기쁨만 아니라 슬픔도 감사하겠습니다.
성공만 아니라 실패도 감사하겠습니다.
희망만 아니라 절망도 감사하겠습니다.
가진 것만 아니라 없는 것도 감사하겠습니다.
풍족할 때만 아니라 부족할 때도 감사하겠습니다.

승리만 아니라 패배도 감사하겠습니다.

건강만 아니라 육신의 아픔도 감사하겠습니다.

생명만 아니라 죽음도 감사하겠습니다."

아무것도 없을지라도, 심지어 자신의 생명이 없어진다 할지라도 목숨을 다해 감사하겠다는 그의 고백은 아름답다.

하박국의 이러한 감사의 이유는 전적으로 하나님께 있었다. 그는 자신에게 가장 소중한 존재, 즉 구원의 하나님으로 인해 감사하고 즐거워했다.

"나는 여호와를 인하여 즐거워하며 나의 구원의 하나님을 인하여 기뻐하리로다" 합 3:18.

그는 보배이신 하나님의 가치를 알았으며 하나님 한 분으로 기뻐하고 즐거워하였다. 그래서 그는 이렇게 외쳤다.

"비록 나는 아무것도 소유하지 못했지만 하나님으로 인해 즐겁고, 구원의 하나님 때문에 한없이 기쁩니다. 하나님 한 분으로 족합니다."

비록 아무것도 없다 할지라도 구원의 하나님을 자신의 하나님으로 모신 사람은 기뻐하고 즐거워하고 감사할 수 있다. 이미 세상에 어떤 것으로도 비교할 수 없는 가장 귀중한 보배를 소유했기에 만족하며 감사할 수 있는 것이다.

모든 것이 다 사라져도 영원히 사라지지 않는 하나님으로 인해 감사해야 한다. 비록 나의 모든 것이 사라진다 해도 하나님은 나의 감사의 노래가 되시며, 감사의 제목이시다. 진정한 감사는 모든 환경을 초월해서 하는 감사다.

없을수록 더욱 감사하는 신앙, 구원의 하나님께 더욱 감사하는 신앙, 이것이 하박국의 감사신앙이다.

| 여섯 번째 감사 |

감사를 방해하는 적

우리는 작은 감사가 큰 행복을 가져온다는 사실을 잊은 채 살아간다.
 감사는커녕 불만과 절망이 우리 삶을 잔뜩 꿰차고 앉아 있다. 욕심 때문에, 비교의식과 열등감 때문에, 걱정과 염려 때문에 감사하지 못하고 우리의 귀중한 인생을 허비하고 있는 것이다. 다음은 우리 주변에 너무 많이 도사리고 있는 감사의 삶을 방해하는 적들이다.

 첫째, 우리가 감사 생활을 못하는 가장 큰 이유는 바로 욕심 때문이다.
 우스갯소리로 "사람의 욕심은 너무 높아 커트라인이 없는데 심지어 하나님조차도 사람의 욕심을 채울 수 없다"는 말이 있다. 이처럼 세상의 것으로 채울 수 없는 것이 인간의 욕심이다. 사람은 어느 하나를 간절히 원하다 그것을 소유하게 되면 만족하고 감사하는 것이 아니라 또 다른 것을 원하고 더 많이 바라다가 불행의 늪에 빠지게 된다.

욕심과 감사는 공존할 수 없다. 욕심은 사탄에게 속해 있고, 감사는 하나님께 속해 있다. 하나님의 은혜를 한 순간에 불평으로 바꾸어 놓는 것이 욕심이다. 어느 정도의 욕심은 삶의 의욕을 불러일으키지만, 지나친 욕심은 불행을 자초하는 원인이 된다.

그러므로 우리는 바울의 고백처럼 자족할 줄 알아야 한다.

"내가 비천에 처할 줄도 알고 풍부에 처할 줄도 알아 모든 일에 배부르며 배고픔과 풍부와 궁핍에도 일체의 비결을 배웠노라" 빌 4:12.

자족할 줄 모르는 인생은 욕구가 채워져도 감사하지 못하고 또 다시 불평하게 된다.

어느 날 영국의 콩글톤 경은 부엌에서 일하는 하녀 한 명이 다른 하녀에게 하는 말을 우연히 듣게 되었다.

"오! 나한테 5파운드만 있다면 정말 행복할 텐데……."

그는 하녀의 말이 계속 귓가에 맴돌았다.

"나에게 있으나마나한 5파운드가 하녀에게는 행복을 가져다주는구나……."

그는 정말 한 사람이 행복해지는 모습을 보고 싶어 5파운드를 주기로 마음먹었다. 그는 부엌으로 하녀를 찾아가, 우연히 대화를 듣게 되었으며 그녀가 진정 행복해지기를 바란다고 말한 뒤, 5파운드를 건네주었다.

하녀는 감격하여 그의 친절에 감사를 드렸다. 콩글톤 경은 부엌을 나와 한 사람을 행복하게 한 자신의 작은 선행을 기뻐하며 잠시 문밖에 서 있었다.

그때 안에서 하녀가 중얼거리는 소리가 들려왔다.

"난 참 바보야. 왜 10파운드라고 말하지 못했을까!"

이미 자신이 원하는 것을 소유하고도 감사하지 못하는 사람은 욕심의 수렁에 빠져 있는 상태이다. 성경에서도 지나치게 욕심을 부리고 만족하지 못하는 태도에 대해 경고하고 있다.

"오직 각 사람이 시험을 받는 것은 자기 욕심에 끌려 미혹됨이니 욕심이 잉태한즉 죄를 낳고 죄가 장성한즉 사망을 낳느니라" 약 1:14, 15.

둘째, 비교의식 역시 감사를 방해하는 큰 적이다.

비교의식은 다른 각도에서 보면 욕심의 또 다른 얼굴이기도 하다. 상대방과 자신을 끊임없이 비교하면서 우월감으로 교만해지든지, 아니면 열등감에 사로잡혀 자기비하에 매몰되기도 한다.

어느 경우에도 감사하지 못하기는 마찬가지다.

비교의식은 우리를 상대적 빈곤감에 빠지게 한다. 상대가 나보다 많은 재물을 가지고 있거나, 나보다 더 많은 사랑을 받거나, 더 좋은 학벌을 가지고 있거나, 더 많은 재능을 가지고 있는 것을 비교하기 시작하면 감사는 사라지고 불행의 늪에 빠지게 된다.

영화 '아마데우스'를 보면서 모차르트와 살리에리의 생애를 통해 비교의식이 사람을 얼마나 비참하게 만드는지를 크게 깨달은 적이 있었다.

살리에리는 당시 최고의 음악가였다. 모차르트가 나타나기 전까지만 해도 그는 많은 사람들의 부러움과 존경을 한 몸에 받았던 행복한 인생이었다. 그렇지만 모차르트와 자신의 음악을 비교하면서 그의 인생은 불행의 늪에 빠지게 되었다.

그를 화나게 만드는 것은 자신은 밤잠을 설치면서까지 온 힘을 다해 작곡을 해도 사람들이 기억해 주지 못하는데, 모차르트는 여자들과 어울려 놀 것 다 놀면서 그저 자투리 시간에 취미 삼아 작곡하는 것 같

아침에 감사로 눈을 뜨면

그 생활은 맑음.

감사의 햇살이 불평의 구름에 가려지면

그 생활은 흐림.

그리고 그 불평이 연속되면

그 생활은 장마.

은데도 그의 음악은 불후의 명작이 되는 것이었다.

그를 더욱 비참하게 만든 것은 모차르트의 천재성을 꿰뚫어보는 안목을 자신이 가진 것이었다.

그는 절규한다.

"왜 저에게는 천재를 알아볼 수 있는 능력만 주시고, 모차르트와 같이 천재적인 작곡 능력은 주지 않았습니까?"

결국 비교의식과 열등감이 그의 인생을 파멸로 치닫게 했다.

사탄은 끊임없이 비교를 통해 우리를 시기심의 노예로 전락시켜 비참하게 만든다.

인생을 비참하게 만드는 것은 가난에서 오는 슬픔도 아니고, 실패에서 오는 고통도 아니다. 재능이 모자라서 내뱉는 탄식도 아니다. 가장 큰 비참은 '비교'로부터 온다.

비교란, 인간이 선택할 수 있는 가장 어리석은 행동이다.

난 너무 못 생겼고, 난 너무 뚱뚱하고, 난 너무 키가 작고, 난 머리가 좋지 않고, 난 좋은 대학을 다니지 못했고, 난 집안 배경이 좋지 않고, 난 가진 돈이 없고…….

모두 남과 비교해서 인생을 바라보기 때문에 나온 자기비하의 소리들이다. 우리는 나에게 있는 것이 아니라 남과 비교하는 것에 온통 관심을 쏟는다.

그러나 이렇게 비교의식에 사로잡힐 때마다 하나님의 말씀을 기억할 필요가 있다.

"너는 나의 사랑받는 자녀이며, 내가 만든 최고의 걸작품이다."

주위의 사랑하는 사람들에게 이런 말을 해 보면 어떨까?

"당신은 적어도 나에게는 이 세상에서 최고의 사람입니다. 당신은 너무 멋진 사람입니다. 나는 당신 한 사람으로 충분합니다."

셋째, 감사하지 못하는 이유는 염려 때문이다.

그런데 사람들이 염려하는 문제의 오직 10%만 현재에 부딪힌 문제이지, 나머지 90%는 쓸데없는 과거의 일이나 아직 일어나지 않은 미래의 일 때문이라고 한다.

그래서 주님은 이렇게 말씀하셨다.

"그러므로 내일 일을 위하여 염려하지 말라 내일 일은 내일 염려할 것이요 한 날 괴로움은 그날에 족하니라" 마 6:34.

이 말씀은 미래의 일을 앞당겨 염려하지 말라는 것이다.

어느 날 딸아이가 유난히 경쟁률이 높았던 외고 입시를 치르고는 시험을 잘 치지 못했다며 수심이 가득한 얼굴로 들어왔다. 수험생 6명이 한 조가 되어 인터뷰를 했는데, 다른 수험생들과 비교해 볼 때 그다지 잘하지 않았다는 것이다.

그동안은 자신이 공부를 제법 잘하는 것으로 믿고 있었는데, 인터뷰를 하면서 보니 자기보다 못하는 아이들이 없는 것 같은 느낌을 받았다고 털어놓았다. 속상하다며 연신 눈물을 흘리는 딸아이를 앞혀 놓고 진지한 대화를 나누었다.

"하영아, 인터뷰에서 떨어져도 하나님의 뜻이니 기도하는 마음으로 결과를 받아들이자."

딸아이는 조금 마음의 진정을 찾았는지 기특하게도 나를 안심시켜 주었다.

"아빠, 이제 떨어져도 감사할 수 있을 것 같아요. 마음을 비우고 기다릴게요."

며칠 후 마음의 준비를 단단히 하고 있었는데, 감사하게도 합격자 명단에 딸아이의 이름이 들어가 있었다. 하지만 뛸 듯이 기뻐하고 감격하던 것도 잠시, 딸아이는 수일 뒤 다시 한숨을 쉬며 걱정을 늘어놓기 시작했다.

"휴, 수재들만 모인다는 외고에 가면 공부 잘하는 아이들만 있을 텐데, 어떻게 따라가지!"

"하영아, 미리 염려하지 말고, 하나님께 맡기렴. 성경은 아무것도 염려하지 말고 미리 감사부터 하라고 하셨고, 염려되는 일도 하나님께 맡기면 다 책임져 주시겠다고 약속하셨다. 그리고 엄마, 아빠도 네가 지금껏 하던 대로 성실히 하면 어느 학교를 가더라도 만족이란다." 그제야 딸아이의 얼굴색이 환해지며 이렇게 말했다.

"아빠, 부딪혀 보기도 전에 미리 염려부터 해서 죄송해요. 다음부터는 걱정되는 일이 생기면 하나님께 다 맡기고 저는 마음 편하게 공부만 할게요."

우리 인생살이 속에 염려가 생길 때마다 마음의 짐을 하나님께 맡기는 일이 생각처럼 쉬운 일이 아니다. 그래도 성경은 우리에게 "염려하지 말라"고 교훈한다.

마음에 염려가 슬그머니 고개를 들 때 우리는 감사함으로 간구해야 한다.

"……오직 모든 일에 기도와 간구로 너희 구할 것을 감사함으로 하나님께 아뢰라" 빌 4:6.

어르신을 위한 평생감사

염려가 심령이 위축되고 짓눌리는 불안한 현상이라면, 감사는 심령에 즐거움과 기쁨이 넘치게 한다.

감사함으로 드리는 기도는 과거에 받은 은혜와 현재 누리는 모든 축복과 심지어 현재의 힘든 상황까지 합력하여 선을 이루실 것을 내다보며 미래까지 감사하는 것이다.

신선한 바람이 하늘의 먹구름을 말끔히 걷어 가듯이 감사하는 마음은 염려의 먹구름을 순식간에 없애 버린다.

있는 것을 족한 것으로 알고, 남과 비교하지 않으며, 염려 대신 감사함으로 간구하는 사람의 마음에는 욕심, 비교, 염려의 씨앗이 자라날 수 없다.

| 일곱 번째 감사 |

세상에서 가장 아름다운 말

"노래는 부를 때까지 노래가 아니며,
종은 울릴 때까지 종이 아니고,
사랑은 표현할 때까지 사랑이 아니며,
축복은 감사할 때까지 축복이 아니다."

나에게 축복이 되는 일들이 많음에도 불구하고 감사하지 못해서 축복을 축복으로 받지 못하는 경우가 얼마나 많을까. 그래서 매사에 "감사합니다!"를 외치며 사는 사람의 삶이 행복해 보이는지도 모르겠다.

브라질 사람들은 "오브리가도(감사합니다)"라는 말을 입에 달고 산다.

가정이나 직장에서 틈만 나면 "오브리가도"를 외친다. 그래서인지 일상생활에서 가장 많이 사용하는 언어가 오브리가도이다. 아무리 말수가 적은 사람도 하루 평균 열 번 이상은 오브리가도란 말을 한다고 한다.

미국 사람들 역시 제일 많이 사용하는 말이 "땡큐(Thank You)"이다. 그들은 남녀노소 할 것 없이 생활 속에서 작은 일에도 "땡큐"라고 말한다. 미국에서 가장 많이 사용하는 언어 50개를 선별했는데, 그 가운데서도 "땡큐"가 28%를 차지하여 가장 자주 사용하는 단어로 선정되었다고 하니, 감사가 몸에 배어 있음을 느끼게 된다.

성인이 되면 평균 2만 6천 개의 단어를 알게 된다고 하는데, 그 가운데 다른 사람을 가장 기쁘게 할 수 있는 최고의 말은 "감사합니다"이다.

물론 하나님을 가장 기쁘시게 하는 인간의 언어도 "감사합니다"이다. 그래서 유대인의 격언 중에는 "'감사합니다'라는 말이 혀에 붙기 전까지는 아이에게 아무 말도 가르치지 말라"는 말도 있다.

안타깝게도 우리는 감사에 인색한 경우가 많다. 형식적인 감사는 있지만 진정한 감사를 찾기란 쉽지 않다. 은행이나 주유소, 백화점, 공

공기관 등에서 "감사합니다"라는 말은 자주 사용하지만 과연 그렇게 감사를 외치는 사람들이 정작 자신들의 부모나 자녀, 형제자매, 배우자에게는 얼마나 자주 감사를 표할까 하는 궁금증이 생기기도 한다.

요즈음 길거리에서, 전철에서, 버스 안에서 상스러운 말을 쉽게 내뱉는 것을 듣게 되면 민망함을 넘어 당혹스러움까지 느낀다. 성경은 우리를 향해서 이런 악한 말들을 사용하지 말고 감사의 말을 하라고 권면하고 있다.

"누추함과 어리석은 말이나 희롱의 말이 마땅치 아니하니 돌이켜 감사하는 말을 하라" 엡 5:4.

같은 입에서 나오는 말이라도 어떤 말은 장미꽃처럼 향기가 나는가 하면, 어떤 말은 가시처럼 상대방을 찔러 상처를 준다.

우리는 타인의 말에는 쉽게 화를 내고 상처를 받으면서도, 정작 자신이 하는 말에는 신경 쓰지 않는다. 내가 내뱉은 말로 인해 상대방이 깊은 상처를 입고 신음하고 있는데도 말이다.

그러나 언젠가 남을 아프게 한 가시와 같은 말은 자신에게로 돌아오게 마련이다.

누에가 자신의 입에서 나온 실로 집을 짓고 살 듯, 사람도 마찬가지로 자신의 입에서 나온 말로 자신의 인생을 경영하는 것이다. 플로랑스 스코벨 쉰이라는 사람은 이런 말을 했다.

"남에게 준 것은 언젠가는 반드시 되돌려 받는다. 삶은 부메랑이다. 우리의 생각, 말, 행동은 언제가 될지는 모르지만 틀림없이 되돌려 받는다. 그리고 그것들은 희한하게도 우리 자신을 명중시킨다."

불평의 말이든 감사의 말이든 언젠가는 메아리가 되어 나의 삶을 향해 돌아온다. 이것이 인생의 법칙이다. 그래서 성경에서도 인생은 자신의 말대로 된다고 하였다.

"그들에게 이르기를 여호와의 말씀에 나의 삶을 가리켜 맹세하노라 너희 말이 내 귀에 들린 대로 내가 너희에게 행하리니" 민 14:28.

하나님은 우리가 말하는 대로, 하나님의 귀에 들리는 대로 그 사람의 인생이 되도록 하시는 분이시다.

그래서 하나님이 주시겠다고 약속하신 가나안 땅을 악평한 10명의 정탐꾼과 이스라엘 백성들은 자신들이 말한 대로, 가나안 땅에 들어가지 못하고 광야에서 메뚜기처럼 이리 뛰고 저리 뛰며 방황하다가 인생을 비참하게 마감했다.

그러나 갈렙과 여호수아는 가나안 땅이 젖과 꿀이 흐르는 축복의 땅이고, 우리는 그 땅을 차지할 수 있다고 말한 대로, 가나안 땅을 차지하는 축복을 누렸다.

말은 씨가 되고, 인격이 되며, 그 사람의 삶이 된다. 말대로 되는 것이 인생이다. 한마디의 말이 삶에 희망을 주고 인생의 목적을 변화시키기도 하며, 때로는 절망케 하고, 인생을 포기하게도 만드는 것이다. 말의 힘은 정말 놀랍다.

한때 베스트셀러였던 『물은 답을 알고 있다』라는 책은 말의 중요성과 그 엄청난 힘에 대해 이야기하고 있다.

말 한마디가 사람에게는 물론 물에게도 지대한 영향을 미친다는 흥미로운 실험 결과였는데, 물 한 잔을 앞에 놓고 감사와 사랑을 표현하면 물은 가장 아름다운 결정, 즉 완전한 육각수를 만든다는 것이었다. 그리고 그 물을 마시게 되면 우리 몸에 무한한 면역력이 생겨 더욱 건강해진다고 했다.

그러나 물 한 잔을 놓고 짜증을 부리고 욕설을 퍼부으면 물의 결정은 산산이 부서져 버려 인체에 해를 주었다.

더 놀라운 것은 사탄이라는 말을 각 나라 말로 물 컵 위에 붙여 놓았더니 물의 육각수가 다 깨지고 물의 결정에 구멍이 나 버린 것이다. 그런데 반대로 '사랑한다', '감사한다' 라는 말을 붙여 놓았더니 물은 완전한 육각수로 바뀌어졌다.

사랑과 감사를 표현했을 때 물은 고상한 품위를 더했고, 다이아몬드처럼 찬란한 빛을 발했다.

흥미로운 것은 감사와 사랑 중에 어떤 것이 물의 결정을 더 완전한 육각수로 만드는지 실험을 했는데, 감사의 결정이 사랑의 결정보다 힘과 영향력 면에서 두 배나 강했다고 한다.

이처럼 사랑보다도 강한 힘을 보여 준 '감사'의 에너지는 우리 몸과 마음을 아름다운 육각수의 결정체로 만든다.

결국 감사의 말은 우리 인체를 건강하게 할 뿐만 아니라 우리를 행복한 인생으로 만들어 준다.

"감사합니다"라는 따뜻한 말 한마디가 상대방의 닫힌 마음을 열어 주고, 메마른 인간관계를 부드럽게 하는 윤활유의 역할을 한다.

"감사합니다"라고 입술로 날마다 고백하는 사람의 마음은 기쁨과 즐거움이 넘치며, 여유로운 삶으로 더욱 감사하는 인생을 살게 된다.

그러므로 감사의 언어가 당신의 삶을 지배하게 하라. 하나님이 당신의 감사를 들으시고, 하나님 귀에 들리시는 대로 감사가 넘치는 인생으로 역사하실 것이다.

감사하다고 생각하면서
그것을 표현하지 않는 것은
선물을 포장만 하고 주지 않는 것과 같다.

여름 Summer

감사는 뜨거운 태양빛 가운데 불어오는
시원한 바람 같은 것

| 여덟 번째 감사 |

고통의 선물

지금 생각하면 참 부끄럽지만, 내가 한참 어릴 적 죽음에 대한 두려움 속에 지내던 때가 있었다. 그러니까 중학교 2학년 시절로 거슬러 올라간다. 여름 방학 때면 옆집 친구와 아침 일찍 시골 개천으로 나가서 어항에 떡밥을 붙인 다음 자갈이나 모래가 있는 물속에 어항을 놓은 후 민물고기인 피라미를 잡곤 했다. 기다리는 동안 친구와 감자와 옥수수를 먹으며 이야기를 나누는 것이 그 시절에는 최고의 행복이자 즐거움이었다.

  고기를 잡은 후에는 초고추장에 찍어 싱싱한 회를 즉석요리로 해 먹거나 얼큰한 매운탕을 끓여 맛나게 먹었다. 지금 생각해도 입안에서 군침이 살살 도는 추억의 맛이다. 아무튼 시골 생활에서만 가능한 낭만이었다.

고기를 많이 잡은 날은 햇빛에 말린 후에 소금에 절여 밀가루 반죽을 입히고 튀김을 만들어 별미처럼 맛있게 먹기도 했다. 누구나 가난하던 시절이기도 했지만 유달리 가난했던 청소년 시절 세 끼 식사 외에 간식이라는 것은 기대할 수도 없던 때라 생선 튀김은 별미 중에 별미였다. 그렇게 신나게 방학을 즐기고 개학을 하면, 얼마 있지 않아 학교에서는 학생들을 상대로 기생충 검사를 실시했다. 그런데 나와 옆집 친구가 똑같이 간디스토마에 감염되었다는 검사결과를 통보받게 되었다. 하늘이 무너지는 것 같았고 눈앞이 캄캄했다. 간디스토마에 걸리면 시름시름 앓다가 죽는다고 알고 있었기 때문이다.

그때까지만 해도 시골에서는 치료할 병원도 마땅치 않았고, 설령 병원이 있다 하더라도 치료비 때문에 수술은 엄두도 못 내는 형편이었다. 학교에 갈 때면 학용품 하나 사 가지고 가는 것도 힘들어 그냥 가는 날이 더 많았고, 소풍 때도 김밥을 못 싸 맨 밥을 먹어야 했던 시절, 병원 치료비를 기대한다는 것은 꿈도 꿀 수 없었다. 우리 집 형편을 뻔히 알고 있던 나는 부모님께 민물고기를 먹고 간디스토마에 걸렸다는 말을 차마 할 수 없었다.

하루하루 불안과 초조, 염려와 근심의 나날을 보냈다. 캄캄한 밤이 되면 죽음에 대한 두려움과 공포가 나를 짓눌렀다. 옆집 친구는 이미 몸에 이상 징후가 나타나 병원을 찾아갔고, 약을 먹으며 치료를 받았다. 다행히 나에게는 심한 증상은 나타나지 않았다. 그렇지만 똑같이 민물고기를 먹고, 똑같은 병에 감염되었다는 통보를 받았으니 심리적으로 불안할 수밖에 없었다. 아무에게도 말 못하고 그렇게 혼자 끙끙 앓고 며칠이 지났을까, 옆집 친구의 병세는 날로 악화되어 얼굴은 백지장처럼 창백해졌고 몸도 점점 말라갔다. 수업을 빠지는 횟수도 점점 늘어났다.

나는 친구보다 건강한 편이니까 시간이 조금 지난 후에 증상이 나타나려나 싶어 날마다 마음을 졸였다. 몸이 조금만 아파도, 이러다가 죽는 게 아닐까 하는 불길한 생각이 나를 괴롭혔다. 친구는 치료를 위해 서울에 있는 병원으로 올라갔고, 결국 학교 생활을 포기할 수밖에 없는 지경까지 이르게 되었다. 그렇게 1년이 지났고, 나에게는 별다른 증상이 나타나지 않았다. 어느 늦은 밤, 나의 신세를 한탄하며, 밤길을 걷다 교회 앞을 지나가고 있었다. 그때 내 머릿속에 이런 생각이 스쳤다.

'신앙을 가져 볼까? 혹시 신앙을 갖게 되면 내 문제가 해결될 수도 있지 않을까?' 지푸라기라도 잡는 심정으로 교회 문을 살며시 열었다. 아무도 없는 교회 안은 고요했다. 십자가 앞에 엎드려 기도하면 죽더라도 편안한 죽음을 맞이할 수 있으리라는 생각이 들었다.

그런데 내 입에서 나온 첫 마디는,

"하나님, 살려 주세요!"였다.

하나님이 누구신지도 모르면서 살려 달라고 애원하고 또 애원했다. 그때부터 방과 후에는 교회를 그냥 지나치지 않고 예배당 안에 들어가 간절히 기도하곤 했다. 나를 살려 주시면 이제는 나를 위해 살지 않고 하나님을 위해 나의 삶을 드리겠다는 약속도 했다. 그렇게 세월이 흘렀고, 간디스토마에 걸린 옆집 친구는 병약한 몸으로 10년을 넘게 고생하다가 결국 꽃도 제대로 피워 보지 못한 채 젊은 나이에 아깝게 세상을 뜨고 말았다. 그리고 나는 살아서 이렇게 주님의 일을 하게 되었다.

지난날을 되돌아볼 때 감사할 일이 참 많다. 그러나 어린 시절 나는 죽음에 대한 두려움에 사로잡혀 내 인생에 대해 감사하지 못했고, 죽음의 공포 앞에 벌벌 떨기만 했다. 그래도 감사한 점은 병과 죽음에 대한 두려움이 나를 기독교 신앙으로 이끌었다는 것이다. 그리고 무서운 병마와 싸우면서도 감사의 생활을 했던 많은 신앙의 선배들의 삶을 돌이켜보며, 고통 중에 있을 때 더욱 감사로 하나님께 나아가는 진리를 배우게 되었다.

몇 해 전 세상을 떠난 거지 목사 이중표 목사님의 삶 역시 나에게 많은 도전과 깨달음을 주었다. 이 목사님은 "예수를 제대로 따르려면 먼저 자신이 철저하게 죽어야 한다. 내가 그리스도와 함께 죽으면 그리스도와 함께 산다"는 '별세신앙'을 주창하셨던 분이다.

덧없이 흐르는 세월 가운데

원망할 일이 늘어가고

상황이 풀릴 기미가 전혀 보이지 않을 때

내 마음을 밝히는 등불 하나 켜리라.

감사의 등불!

- 미상

세상을 뜨기 전 이 목사님은 별세신앙대로 살기 위해 '거지(巨智)선언'을 하셨다. 이는 한문으로는 크게 깨달았다는 의미이지만, 말 그대로 거지처럼 살라는 뜻도 담겨져 있다. 거지처럼 살라는 말씀을 지키기 위해 그는 자신의 삶을 온전히 비워야 했다. 그는 아들의 유학비를 교회 도움 없이 자신이 직접 대기 위해 평생 푼돈을 모아왔다. 그런데 그 귀한 통장까지 나중에 감사헌금으로 내놓으셨다. 그는 통장을 몽땅 헌금하고 나서 너무 감사해서 손뼉을 치며 이렇게 말했다.

"평생 목사로 살면서 이렇듯 한 해에 1억 원 이상을 바칠 수 있는 날이 와서 감사합니다."

그의 자기 비움은 여기서 그치지 않았다. 병마와 싸우던 목사님은 장롱 문을 열고 주께서 두 벌 옷을 갖지 말라고 하신 말씀을 묵상하고 옷을 모두 정리하였다.

"병들고 나서야 이런 것을 깨닫게 되었지만 그래도 감사해야지요."

세상을 떠나는 순간까지 병이 주는 고통마저도 '감사를 깨닫게 해 준 선물'이라며 감사의 제목으로 삼았던 거지 목사님의 감사 고백은 우리를 부끄럽게 만든다. 우리는 삶에서 겪게 되는 많은 아픔을 불평의 도구쯤으로 생각하기 일쑤다. 아파서 병원에 입원해 있는 기간은 짜증을 부리고 불평을 해도 괜찮다고 생각한다. 이런 고통의 세월이 자신을 성숙하게 만드는 기회라며 감사하는 일은 오직 지혜로운 사람들만의 몫인지도 모르겠다. 믿음의 선배들의 인생을 보면서 육체적인 질병이나 인생의 실패가 결코 불행이나 절망만은 아니라는 것을 배우게 된다. 오히려 고통의 긴 터널을 빠져 나왔을 때 그들의 고통은 연단을, 연단은 인내를, 인내는 사랑과 감사를 만들어 내어 후세에 모범이 되는 것을 보게 된다. 결국 아픔과 고통의 세월은 잃은 것보다 더 많은 것을 얻도록 해 주었다.

젊은 나이에 『기독교강요』를 저술해서 세상을 깜짝 놀라게 한 칼빈도 걸어 다니는 종합 병원이었다. 무려 25가지 질병을 몸에 달고 살았던 그는 몸이 너무 아파 제대로 잠을 잘 수 없었다. 잠을 못 자니 기도할 수밖에 없었고, 기도하다 보니 영감을 얻어 깊은 영성의 책들을 저술하게 된 것이다.

질병은 우리에게 고난을 통해 겸손과 감사를 배울 수 있는 기회를 더해 준다. 고통 속에 몸부림쳐 본 사람은 생명의 소중함을 더욱 절실히 깨닫게 되고, 더욱 감사에 민감한 사람이 된다. 그러나 그것을 깨닫는 것도 하나님의 은혜이다.

뉴욕의 부르클린 교회를 담임했던 에반스 목사님은 24개월 동안 결장암으로 투병하다 세상을 떠났는데, 그가 남긴 투병신조 4개 항목은 우리가 고통 가운데 있다 하더라도 어떤 자세로 마음을 다스려야 하는지를 일깨워 주고 있다.

1. 나는 결코 불평의 말을 하지 않을 것이다.
2. 나는 집안의 분위기를 밝게 유지할 것이다.
3. 내가 받은 축복을 헤아려 감사할 것이다.
4. 나는 질병을 유익한 것으로 바꿀 것이다.

불치의 병에서 회복된다면 그보다 감사한 일도 없겠지만, 큰 병에 들지 않고 건강하게 사는 것 또한 매우 감사한 일일 것이다. 질병의 고통 가운데 있을 때에도 주님의 은혜를 누리며 늘 감사할 수 있어야 하겠지만, 그보다 현재의 건강한 삶이 기적임을 깨닫고 감사하는 것이 정말 지혜로운 사람일 것이다.

어차피 우리 인생길은 탄탄한 평지만 놓여 있는 것은 아니다. 오르막과 내리막이 끊임없이 펼쳐지는 불편한 길을 여행하는 것이다. 질병의 고통을 안고 내리막길을 치닫고 있을 때 주님과 함께 감사함으로 그 길을 즐길 수 있다면, 주님은 오르막길의 기쁨도 맛보게 해주실 것이다.

| 아홉 번째 감사 |

두 마을 이야기

오래전에 두 마을이 이웃해서 살고 있었다. 한 마을은 감사촌이고, 다른 마을은 불평촌이었다.

불평촌 사람들은 봄부터 겨울까지 무엇에든지 불평과 불만을 쉬지 않았다. 봄에는 황사 때문에 먼지가 많다고 불평했고, 여름에는 너무 덥고 모기가 많다고 불평했고, 가을에는 나무 잎사귀가 많이 떨어진다고 불평했고, 겨울에는 눈이 많이 오고 춥다고 불평했다. 무슨 좋은 일이 생겨도 혹시 잘못되지나 않을까 의심과 염려로 감사하지 못했고, 언제나 불평 속에서 인생을 살았다.

그러나 감사촌에 사는 사람들은 정반대로 어떠한 일에도 감사했다.

고생을 해도 감사하고 시련을 만나도 감사했다. 봄에는 꽃향기를 감사했고, 여름에는 시원한 나무 그늘을 감사했으며, 가을에는 탐스런 열매를 감사했고, 겨울에는 나무 가지에 하얗게 쌓인 눈꽃을 감사했다.

하루는 불평촌 사람이 감사촌에 놀러 가서 사람들이 말끝마다 감사하는 소리를 듣고 몹시 놀랐다. 그곳에서 약간의 감사를 배워 감사를 살짝 흉내만 내다가 늦은 저녁이 되어서야 집으로 돌아왔다. 그는 도착하자마자 집안 식구들에게 이렇게 말했다.

"에잇, 감사촌에 갔다가 얻어먹은 것도 없이 괜히 감사만 실컷 하고 왔네."

불평도 습관이다. 불평하는 사람은 항상 불평한다.

부정적인 사람의 눈에는 장미꽃의 가시만 보인다. 불평하는 사람은 불평이 인격 그 자체다. 그는 불평의 눈을 가지고 있어 눈으로 보는 모든 것이 불평의 조건으로 보이고, 불평의 입을 가지고 있어 입을 열면 불평이 쏟아져 나온다. 문제는 본인만 불평 인생을 사는 것이 아니라 주변 사람들 모두를 불평 인생으로 살게 만든다는 것이다.

그러나 반대로 감사를 습관화하면서 살게 되면, 감사가 인격 그 자체가 되며, 저절로 감사의 눈을 갖게 된다. 그렇게 되면 보는 것마다 감사의 조건이 되며, 입을 열면 감사가 샘솟듯 터져 나온다. 그래서 그는 한평생을 감사로 살아가게 된다. 자나 깨나 앉으나 서나 감사가 있을 뿐이다.

감사가 행복해지는 연습이라면, 불평은 불행해지는 연습이다.

어느 날 노만 빈센트 필 박사가 열차를 타고 여행을 하고 있었다. 그의 맞은편에는 한 중년 부부가 앉아 있었는데 그 부인은 계속해서 이것저것 투덜거리며 불만을 토로하고 있었다. 좌석이 불편하다, 시트가 지저분하다, 청소도 제대로 안 돼 냄새가 지독하다, 심지어 승무원도 불친절하다고 갖은 불평을 쏟아냈다.

이때 부인의 불평을 듣던 남편이 필 박사에게 인사를 건네며 자신들을 소개했다.

"안녕하세요? 저는 변호사이고, 제 아내는 제조업자입니다."

필 박사가 물었다.

"부인께서는 어떤 종류의 제조업에 종사하시는지요?"

그러자 남편은 웃으며 대답했다.

"제 아내는 항상 불평을 만드는 제조업자입니다."

'나는 매일 갖가지 불평을 계속 찍어내는 제조업자는 아닌가!' 생각해 보자. 불평을 다량으로 만들어 내는 사람이 어떻게 행복할 수 있을까?

    조금 힘들다고, 조금 어렵다고 불평하고 원망한다면, 하나님이 기뻐하실까? 감사하는 자세는 우리의 인생을 복되게 하지만, 불평하는 자세는 만사를 그르치게 한다.

    우리는 감사가 아닌 불평으로 일관한 이스라엘 백성의 어리석음을 통해서도 이러한 사실을 깨닫게 된다. 이스라엘 백성들은 애굽에서 종살이의 비참한 인생을 살았다. 노예 생활은 짐승처럼 취급받는 것이나 다름없었다. 그런 그들을 하나님께서 긍휼히 여기사 애굽의 종살이에서 자유인의 신분으로 해방시켜 주셨다.

    이는 얼마나 감사하고 또 감사해야 하는 일인가? 그러나 그들은 홍해를 건널 때만 감사했을 뿐 가나안 땅을

향하는 동안 내내 광야에서 불평거리를 늘어놓았다.

처음 광야에서 하나님이 주시는 만나를 받아먹었을 때는 그 맛이 "꿀 섞은 과자 같다"출 16:31고 감사했는데, 나중에는 힘든 광야 생활에 금방 지쳐 똑같은 만나를 받아먹으면서 "기름 섞은 과자 맛 같다"민 11:8며 투덜거렸다.

그들은 길이 평탄하지 못하다고 불평했고, 마실 물이 없다고 불평했고, 고기가 없다고 불평했고, 지도자가 못마땅하다고 불평했으며, 심지어 몸에 좋은 음식들을 먹지 못해 정력이 떨어진다고 불평했다. 한마디로 그들의 삶은 불평 제조업자의 삶이었다.

그들은 광야에서 불평하고 원망하며 불행해지는 연습을 하다 결국 꿈에 그리던 가나안 땅을 한 발자국도 밟아 보지 못하고 불행한 삶을 마감하고 말았다.

결국 불평 인생을 살 것인가, 감사 인생을 살 것인가는 우리의 선택에 달렸다. 그러나 이것만은 분명하다. 감사는 하나님을 기쁘시게 하지만, 불평은 사탄을 기쁘게 만든다는 것이다. 사탄은 매일 우리의 귀에 대고 이렇게 속삭인다.

"항상 낙심하라! 쉬지 말고 원망하라! 범사에 불평하라! 이는 너희를 향한 사탄의 뜻이니라."

감사는 하나님의 뜻이고 불평은 사탄의 뜻이다. 그리고 감사를 택하든 불평을 택하든 그것은 우리의 자유다. 그러나 결과는 판이하게 다르다. 같은 환경이지만 감사하기로 작정한 사람의 삶은 풍요롭고 행복하다. 반대로 불평하기로 작정한 사람의 인생은 피곤하고 불행하다. 감사는 우리의 얼굴빛을 평온하게 만들지만, 불평은 우리의 얼굴빛을 어둡게 만든다.

그렇다면 결론은 분명하지 않은가? 하나님을 믿는 자녀라면 불평 제조업자가 아닌 감사 제조업자가 되어야 한다. 우리의 인생 공장이 불평이 아닌 감사를 찍어내다 보면 늘 기쁨과 축복이 넘쳐날 것이다.

| 열 번째 감사 |

살아 있음을 감사하라

미국에서 목회를 할 때였다. 하루는 전도사님으로부터 40대 정도 되는 남자 교인이 병원에 입원했는데 꼭 심방을 와달라는 전화가 걸려왔다. 이야기를 들어보니 심각한 사고를 당해 큰 수술을 마치고 중환자실에 입원해 있는데 아직 의식 불명이라고 했다. 나는 전화를 끊자마자 허겁지겁 병원으로 달려갔다.

그의 상태는 보기에도 심각했다. 온몸이 만신창이가 되어 있었고 대부분이 붕대로 감겨 있어 얼굴도 제대로 알아볼 수 없었다. 그는 원래 흑인들이 거주하는 지역에서 잡화점을 하고 있었는데, 갑자기 괴한들의 습격을 받아 목과 복부에 총을 맞고 실려 온 것이었다. 겨우 목숨은 건졌지만, 앞으로 어떻게 될지 모르는 일이었다.

나는 산소 호흡기를 의지한 채 사경을 헤매며 누워 있는 그에게 다가갔다. 그리고 간절하게 기도드렸다.

"주님, 살려 주십시오! 이분을 꼭 살려 주십시오!"

그저 살려 달라고 하나님께 매달리는 것밖에 내가 할 수 있는 일은 없었다.

열흘 정도 지났을까. 환자의 상태가 궁금해진 나는 다시 병원을 찾았다. 그런데 의식이 돌아와 있는 것이 아닌가. 산소 호흡기도 떼고 병실도 중환자실에서 일반 병실로 옮긴 상태였다.

병실로 들어서는 나를 보자 그는 환한 미소로 나를 맞아 주었다. 가까이 다가가 한 손으로는 그의 손을 잡고, 또 한 손은 머리에 얹고 기도를 했다. 기도하는 동안 그는 나의 기도에 반응이라도 하듯 점점 나의 손을 꽉 움켜쥐더니, 소리 없이 눈물을 흘렸다.

그리고 기도가 끝나자 "감사합니다"를 계속 되뇌었다.

"목사님! 감사합니다. 하나님이 살려 주셨습니다. 감사합니다. 살아 있다는 것이 이렇게 감사하고 행복한 것인 줄 몰랐습니다. 목사님! 정말 감사합니다."

그는 악몽 같은 순간을 떠올리며 생사의 기로에서 겪었던 경험담을 들려주었다.

총기를 든 흑인 둘이 가게 안으로 들이 닥쳤고, 돈을 내놓으라고 고

함을 지르는데, 돈이 없다고 했습니다. 그리고 그 다음엔 탕! 탕! 하는 총소리가 들렸고, 저는 의식을 잃었습니다.

시간이 흐른 후 깨어 보니 병원 수술대 위에 누워 있는 것 같았는데, 의식이 희미했습니다. 의사들이 긴박하게 움직이고, 수술용 칼과 가위의 달그락거리는 소리가 들리는가 싶더니 누군가 저에게 마취주사를 놓는 것 같았고, 저는 서서히 다시 의식을 잃었습니다. 밝은 형광 불빛 속에 내 주위를 맴도는 한 의사가 제 상태를 보며 이렇게 말하는 소리가 얼핏 들렸습니다.

'허, 아무래도 이 사람 힘들겠는데……'

의사가 던진 말은 중환자실에 누워 있는 저의 귓가에 저승사자의 말처럼 들렸습니다. 이 한마디에 저는 이미 죽음의 세계로 끌려가는 것 같은 절망감을 느꼈습니다.

'이렇게 해서 저 세상 사람이 되는구나. 이렇게 가면 안 되는데……'

그러고는 마취에 정신을 잃었습니다.

얼마 후 무슨 소리가 다시 들리기 시작했습니다. 막 마취에서 깨어나기 시작한 듯했습니다. 그런데 한 의사가 이렇게 말하는 것이었습니다.

'아니! 이 사람 살겠는데…… 의식이 돌아오네……'

그때 그 의사의 소리는 마치 천사의 소리 같았습니다.

그는 숨을 쉴 수 있고, 눈을 떠 이 세상을 볼 수 있고, 살아서 가족을 대할 수 있게 된 것을 난생 처음으로 감사했다고 고백했다. 그리고 그로부터 꼭 두 달 뒤 건강한 모습으로 퇴원해서 가족들과 함께 교회에 나왔는데, 감사헌금 봉투에는 이런 글귀가 적혀 있었다.

"살려 주셔서 감사합니다. 하나님!"

한번이라도 내가 숨 쉬고 있고, 몸을 움직일 수 있고, 말할 수 있음에 감사해 본 적이 있는가? 평소에는 당연한 일로 받아들이지만, 큰 사고나 엄청난 고통을 당하게 되면 일상의 건강함에 감사가 절로 나온다.

미국 텍사스의 재클린 사브리도라 양의 이야기는 생사를 뛰어넘으며 기적같이 살아나 감사의 인생을 살고 있는 자의 표본이 된다. 이 이야기는 원래 미국 텍사스 주의 '음주 운전 방지 운동본부'에서 동영상으로 제작한 것인데, 음주 운전에 대한 경고의 의미를 넘어 재클린의 놀라운 감사 인생이 많은 네티즌들을 울리고 감동시켰다.

살아 있다는 것이 얼마나 감사한 일인가.

모든 것은 마음먹기 나름이다.

자족할 줄 안다면 행복은 분명 내 것이다.

재클린은 20살, 미모의 대학생으로 생일파티를 마치고 친구들과 승용차로 귀가하던 도중, 술에 만취한 청년 운전자의 실수로 끔찍한 대형사고를 당했다.

친구 2명은 사고 현장에서 즉사했으며, 재클린은 전신 60%의 끔찍한 화상을 입었다. 10년 만에 한 번 나올까 말까 할 정도의 치명적인 화상 앞에 의사들마저 살 가망이 없다고 고개를 저었지만 그녀는 40여 차례가 넘는 수술을 받은 끝에 구사일생으로 목숨을 구할 수 있었다. 다행히 살아나기는 했지만 양쪽 손의 손가락을 모두 절단했고, 머리카락, 귀, 코, 눈썹 등 얼굴의 대부분은 형체를 알아볼 수 없을 만큼 일그러져 예전의 곱던 얼굴은 찾아볼 수 없게 되었다. 그럼에도 그녀는 감사했다.

"사고 후 한 달 이상을 중환자실에서 산소 호흡기를 끼고 있었어요. 그러던 어느 날 의사 선생님이 다가와 답답한 산소 호흡기를 빼 주셨어요. 그때 얼마나 홀가분했는지 몰라요. 저는 마음껏 숨을 들이마시고 내쉬면서 내가 살아 있다는 사실에 '큰 감사'를 느꼈답니다."

치료의 과정은 어둡고 긴 터널처럼 끝이 보이질 않았다. 죽음보다 더 고통스러운 치료를 수년 동안 받으며 불편한 것이 한둘이 아니었다. 얼굴은 완전히 일그러져 다른 사람들은 물론 가족들도, 아니 본인 스스로도 알아볼 수 없을 정도였고, 손가락 없는 손은 글을 쓸 수도, 밥을 먹을 수도, 얼굴을 씻을 수도 없었다. 머리카락 없는 머리는 괴물처럼 보였으며, 비가 오면 눈썹 없는 눈에는 빗물이 그대로 흘러 들어갔고, 조금밖에 남지 않은 귓바퀴는 머리를 감겨 줄 때마다 귓속으로 들어오는 물을 전혀 막지 못했다.

수년간에 걸쳐 말로 다 표현할 수 없는 육체적, 정신적 고통을 겪어내며 그녀는 자신의 외모를 사랑하게 되었다. 그녀는 과거의 아름답던 재클린 얼굴도 사랑하지만 현재의 괴물같이 일그러진 재클린 얼굴도 사랑한다고 말한다.

그녀가 자신의 흉측한 몰골을 바라보며 하나님의 선물로 받아들일 수 있게 된 것은 범사에 감사하라는 주님의 명령을 신뢰하는 마음가짐 때문에 가능했다.

재클린은 감사하지 못했던 지난날들을 돌이키며 우리에게 이렇게 조언한다.

"나는 감사를 모르는 사람이었다. 언제나 삐딱한 시선으로 불만거리가 없나, 뚱한 채로 모든 것을 바라보았다.

왜 내 머릿결은 더 곱지 못할까?

왜 내 피부는 좀 더 깨끗하지 못할까?

왜 내 눈은 좀 더 크지 못할까?

왜 내 코는 좀 더 오똑하지 못할까?

왜 내 키는 좀 더 크지 못할까?

왜 내 몸매는 좀 더 날씬하지 못할까?

내가 좀 더 예쁘고 잘났다면,

난 친구들에게 좀 더 인기가 있었을 테고

더 잘생기고 멋진 남자를 사귈 수도 있었을 텐데.

친구들이 멋있고 잘 생겨야만

좋아하는 것이 아님에도

나는 그렇게 어리석은 생각으로

나를 학대하고 못살게 구는 데

1분 1초가 아까운 나의 삶을 낭비했다.

왜 몰랐을까? 사랑하고 아끼고 소중히 여김으로써, 비로소 진정한 아름다움을 갖게 된다는 것을. 더 늦지 않고 이제라도 깨달을 수 있게 되어 나는 진정으로 감사한다.

나는 나를 사랑한다. 나로 살아지는 나의 삶을 사랑한다."

재클린은 자신의 흉터를 보고 '주님의 사랑의 흔적'이라고 말할 수 있을 정도로 자신의 외모를 사랑하게 되었다.

그녀는 자신 앞에 펼쳐진 절벽과 같은 암담한 상황을 감사로 받아들이고 있다. 그녀는 자신에게 피해를 입힌 가해자를 진심으로 용서하였으며, 힘든 고통 속에서도 용기를 잃지 않았다.

교도소에 수감되어 있는 가해자 대신 그의 어머니가 방송에 나와 재클린에게 정말 죽을 죄를 지었다고 정말 미안하다고 사죄했을 때, 재클린은 아무런 원망도 없이 그 어머니를 포옹하며 오히려 이렇게 위로하였다.

"저는 괜찮아요. 걱정 마세요. 이제부터는 어머니도 편안한 마음으로 남은 인생을 감사하며 사세요."

살아 있다는 것보다 더 큰 감사가 있을까?

우리가 매일 아침 습관처럼 눈을 뜨는 것이 당연한 일처럼 생각되지만 오늘 아침만 해도 다시 눈을 뜨지 못하고 세상을 떠난 사람이 얼마나 많을까? 한번이라도 내가 숨 쉬고 걷고 달리고 말할 수 있음에 감사해 본 적이 있는가? 오늘 살아 있음을 감사해 보았는가?

살아 있음은 기적이다. 그리고 기적은 감사의 충분조건이다.

| 열한 번째 감사 |

가시 감사

성경 인물 중에 복음을 위해서 사도 바울만큼 많은 고난을 당한 사람이 또 있을까?

그는 복음을 전하면서 당한 고난을 고린도 교인들에게 이렇게 전했다.

"……옥에 갇히기도 더 많이 하고 매도 수없이 맞고 여러 번 죽을 뻔하였으니 유대인들에게 사십에 하나 감한 매를 다섯 번 맞았으며 세 번 태장으로 맞고 한 번 돌로 맞고 세 번 파선하였는데 일 주야를 깊음에서 지냈으며 여러 번 여행에 강의 위험과 강도의 위험과 동족의 위험과 이방인의 위험과 시내의 위험과 거짓 형제 중의 위험을 당하고 또 수고하며 애쓰고 여러 번 자지 못하고 주리며 목마르고 여러 번 춥고 헐벗었노라"고후 11:23-27.

바울은 또한 아시아에서 당한 고난이 너무 혹독하고 감당하기 어려워 살 소망까지 끊어졌으며, 마치 마음에 사형선고를 받은 것과 같았다고 고백하였다.

그러나 어려운 상황에 어울리지 않게 입을 열 때마다 강조한 말은 '감사'였다. 바울은 자신의 모든 서신에서 범사에 감사할 것을 반복적으로 강조하였다.

"하나님의 지으신 모든 것이 선하매 감사함으로 받으면 버릴 것이 없나니"딤전 4:4.

"아무것도 염려하지 말고 오직 모든 일에 기도와 간구로, 너희 구할 것을 감사함으로 하나님께 아뢰라"빌 4:6.

"쉬지 말고 기도하라 범사에 감사하라 이는 그리스도 예수 안에서 너희를 향하신 하나님의 뜻이니라"살전 5:17, 18.

"나를 능하게 하신 그리스도 예수 우리 주께 내가 감사함은 나를 충성되이 여겨 내게 직분을 맡기심이니"딤전 1:12.

또한 그는 우리를 향해서 "쉬지 말고 감사하며"살전 2:13, "범사에 하나님께 감사하며"엡 5:20, "감사하는 자가 되라"골 3:15고 도전한다.

감옥에 갇혀 있으면서도 감옥 밖에 있는 사람들에게, 자신은 아무 것도 없는 가난한 사람이면서 모든 것을 누리고 사는 사람들에게, 자신은 육체적인 질병으로 고통을 당하면서 건강한 사람들에게 감사하라, 감사하라, 감사하라고 권면한다.

사도 바울의 감사를 한마디로 표현하면 '가시 감사'라 할 수 있다. 그는 몸에 육체의 가시를 지녔는데, 이는 다름 아닌 몸의 질병이었다. 육체의 '가시'로 인해 그는 늘 괴로워했다. 그를 그토록 괴롭힌 육체의 가시가 무엇이었는지 정확히는 알 수 없지만 학자들은 안질 또는 간질병이었으리라 추측한다.

다메섹 도상에서 햇빛보다 더 강한 빛을 본 후유증으로 안질을 앓았을 것이라 주장하는 사람들은 이를 뒷받침하는 증거로 그가 서신을 기록할 때에 대부분 대필을 시킨 것과 "너희가 할 수만 있었더면 너희의 눈이라도 빼어 나를 주었으리라"갈 4:15는 갈라디아 교인들에게 보낸 서신을 예로 든다.

그런데 가시가 간질병이었을 것으로 주장하는 사람들도 있다. 이를 뒷받침하는 성경구절로 "너희를 시험하는 것이 내 육체에 있으되 이것을 너희가 업신여기지도 아니하며 버리지도 아니하고……"갈 4:14 가 있다.

어쨌든 그는 육체의 가시로 많은 고통을 당했으며, 이것이 복음을 전할 때 조롱받는 원인이 되지 않을까 심히 염려하였다. 그래서 그는 이 일로 주님께 육체의 가시를 제거해 달라고 세 번씩이나 간절히 기도하였다.

어느 목회자가 암으로 수술을 받고 투병 생활 중에 이렇게 기도하였다.

"주님, 제 아픔이 너무 커서 그 아픔이 가족들의 아픔이 되지 않기를 기도합니다. 주님, 제 아픔이 너무 길어서 그 아픔이 교회의 어두운 그늘이 되지 않기를 기도합니다. 주님, 제 아픔이 유별나서 세상 사람들의 조롱거리가 되지 않기를 기도합니다."

바울도 주님 앞에 그렇게 기도하였다. 육체를 고통스럽게 하고, 복음 전파를 방해하는 육체의 가시를 제거해 달라고 반복적으로 기도했다.

그런데 주님의 응답은 가시를 제거해 주신 것이 아니라,

어떤 이는

장미를 보고

왜 가시가 있느냐고 불평하지만,

어떤 이는

가시 중에도 장미가 피는 것을

감사한다.

"내 은혜가 네게 족하다" 하셨다.

그는 하나님으로부터 예스(Yes) 대신 노(No)라는 기도 응답을 받은 것이다.

가시가 무엇인가? 가시는 생명을 위협하지는 않지만 사람을 심히 고통스럽게 하고, 몸속에 박혀서 끝없이 괴롭히는 것이다. 아마도 바울은 자신의 육체의 가시만 해결된다면 모든 문제가 깨끗이 해결될 것이라고 생각했을 것이다.

그러나 주님은 그것을 허락해 주시지 않았다. 그래도 그는 실망하거나 낙담하지 않고 주님의 뜻에 순종하며 감사했다. 주님의 마음을 온전히 이해했기에 그런 감사가 나왔을 것이다.

자신의 뜻대로 일이 풀릴 때에는 누구나 감사할 수 있다. 그러나 주님이 내 생각대로 응답해 주시지 않을 때에는 불평과 원망만 쏟아낼 뿐 감사하는 마음이 쉽게 들지 않는다. 그러기에 사도 바울의 감사와 순종의 태도는 우리 자신을 부끄럽게 만든다.

이처럼 주님을 신뢰하지 않고는 감히 입에서 나올 수 없는 감사가 바로 '가시 감사'이다. 장미꽃 감사가 어린아이의 감사라면 가시 감사는 성숙한 사람만이 드릴 수 있는 차원 높은 감사인 것이다.

열 손가락 중 한 손가락에만 가시가 박혀도 그것에 신경이 쓰여 다른 것을 생각할 겨를이 없다.

마찬가지로 열 가지 감사할 일이 있어도 한 가지 섭섭한 일이 생기면 감사하지 못하는 것이 우리네 인생이다. 한 가지 힘든 일이 열 가지 감사를 꽉 틀어막기 때문이다. 그래서 열 가지 장미꽃 감사보다 한 가지 가시 감사가 더 어렵고 귀한 감사이다. 장미꽃으로 열 번, 백 번 감사하는 것보다 가시로 인해 고통 받을 때 한 번 감사하는 것을 하나님은 더 기뻐하고 축복하신다. 가시 감사는 성도의 간증이며 복음 증거의 능력이기 때문이다.

바울은 진심으로 자신의 육체의 가시를 주님의 은혜라고 말한다. 그렇다면 왜 바울은 육체의 가시를 은혜 삼을 수 있었을까?

첫째, 육체의 가시는 바울을 겸손하게 만들었다.

그는 좋은 가문에서 태어났으며, 훌륭한 율법학자 가말리엘의 문하생이었고, 로마의 시민권을 가졌다. 그래서 그는 누구보다 자랑할 것이 많았다. 하지만 가시 때문에 자신을 낮출 수밖에 없었다. 로마 시민권을 자랑하거나, 좋은 가문과 율법학자로 어깨에 힘을 주려고 할 때마다 가시는 그의 육체를 찔렀다. 가시는 그가 교만하지 못하도록 주님이 주신 선물이었다. 가시가 없었다면 그는 주님 앞에 나와서 엎드리지 않았을 것이다. 결국 가시가 그를 주님 앞에 서도록 한 것이다.

하나님이 주신 가시는 그가 미워서가 아니라 그가 피조물로서의 존재 위치를 잊지 말도록 하기 위함이었다. 주님은 가시를 통해서 우리 인생을 만들어 가는 분이시다.

둘째, 바울은 가시를 통해 더욱 주님을 의지하게 되었다.
그는 가시 때문에 엎드려 기도하였고, 결국 주님의 뜻을 발견하였다.

"그러므로 내가 그리스도를 위하여 약한 것들과 능욕과 궁핍과 핍박과 곤란을 기뻐하노니 이는 내가 약할 그 때에 곧 강함이니라"
고후 12:10.

그는 자신이 약한 데서 주님의 능력이 온전히 나타나는 것을 깨달았다. 절망과 좌절 속에 소망이 있고, 환난 속에 지혜가 있으며, 고난이 주님께로 가는 생명의 길이라는 것을 안 것이다. 그는 이를 깨닫고 더 이상 가시 때문에 불평하지 않고 오히려 감사하였다.

셋째, 가시는 바울을 세상 영광에 집착하지 않도록 했다.

사람이 이 땅에 살면서 피해야 할 가장 무서운 것은 세상에 집착하다 하나님을 잃어버리는 것이다. 돈, 명예, 권력, 쾌락에 집착하다 결국은 돈의 노예, 권력의 노예, 명예의 노예, 쾌락의 노예가 되어 주님을 잃어버린다.

인간이 결코 두 주인을 섬길 수 없음을 분명히 알기에 성경은 세상의 것을 사랑하지 말라고 경고한다. 그러나 바울은 육체의 가시를 통해 세상의 것들을 배설물로 여길 수 있는 고차원적인 신앙의 모범이 되었다.

고통을 주는 육체의 가시, 나를 괴롭히는 가시 같은 인간관계들……. 가시는 나를 찌르고 괴롭히는 내 주변의 모든 것들이다. 그러나 가시로 인해 내가 무릎을 꿇고 감사할 수 있다면 그것은 바울의 고백처럼 나를 더욱 성숙한 사람으로 만들어 주는 은혜의 선물이 된다.

| 열두 번째 감사 |

청교도들의 감사

미국의 개척 역사는 청교도들의 눈물의 감사로 시작되었다.

청교도들은 항해술이 취약했던 1620년 오직 신앙의 자유를 위해 모든 위험을 불사하고 메이플라워 호에 몸을 싣고 신대륙을 향해 떠났다. 180톤의 메이플라워 호는 146명이 항해하기에는 작은 배였으며, 사람들은 항해 도중 파도의 위험뿐 아니라 극심한 기아와 질병에 시달렸다.

1620년 12월 26일, 크리스마스 다음 날, 그들이 117일간의 험난한 항해 끝에 미국 동부 플리머스 해안에 상륙했을 때는 혹독하게 추운 겨울이었다. 그들은 추위와 식량 부족으로 영양실조에 걸렸으며, 전염병까지 돌아서 봄이 되기도 전에 44명이 목숨을 잃는 뼈저린 아픔을 겪었다.

더군다나 신대륙의 기후 조건을 제대로 알지 못한 채 보리와 밀을 가지고 와 토양이 다른 낯선 땅에 심어 첫 농사에서도 완전히 실패하고 말았다. 그들은 먹을 것이 없어 굶주림에 시달렸고, 극심한 추위에 고통을 당했으며, 앞날에 대한 두려움과 불안에 떨어야 했다. 그들이 할 수 있는 일은 오직 하나님만을 붙들고 바라보는 것이었다.

그때 원주민인 인디언들이 어려운 처지에 놓여 있는 청교도들을 도왔다. 인디언 추장인 사모세트는 몇 종류의 씨앗을 가져다주었고, 재배 기술도 알려 주었다. 그의 직접적인 도움으로 옥수수, 호박, 감자 등의 햇곡식을 추수할 수 있었다.

이에 청교도들은 귀한 열매를 주신 하나님께 감사드리며 인디언들을 초대해 함께 잔치를 열었다. 감자, 옥수수, 호박으로 만든 팬케이크를 굽고 칠면조 고기를 요리해 함께 나누어 먹으며 신대륙에서의 첫 추수감사절을 가졌다. 이것이 전통이 되어 오늘날의 추수감사절이 된 것이다.

신대륙에 도착한 후 3년이 지나서 매사추세츠 주의 주지사 윌리엄 브래드퍼드는 감사절을 제정하여 모든 청교도들이 지킬 것을 공포했다.

"위대하신 하나님께서 금년에 풍부한 수확을 주셨습니다. 인디언의 도움을 받아 옥수수, 밀, 콩, 호박과 여러 채소를 심게 해주셨고 자라나게 하셨습니다. 숲에서 사냥을 하고 바다에서는 생선과 조개들을 넉넉히 거둘 수 있게 축복해 주셨습니다. 야만인의 습격에서 보호하시고 여러 질병에서 지켜주셨습니다. 무엇보다도 우리는 양심에 따라 자유롭게 하나님께 예배할 수 있게 되었습니다.

나는 모든 순례자들에게 선포합니다. 주후 1623년 11월 29일 목요일 오전 9시부터 12시까지 어른과 아이들이 함께 모여 목사님의 말씀을 듣고 이 모든 축복을 주신 전능하신 하나님께 감사의 예배를 드릴 것을 선포합니다."

이렇게 추수감사절은 매사추세츠 주와 코네티컷 주에서 연례행사로 치러졌으며, 점차 미국 전 지역으로 확산되었다. 그러다가 1789년 초대 대통령 워싱턴이 11월 26일을 추수감사절로 선포하고 온 국민이 이 날을 지키도록 하였다.

그러나 3대 대통령 제퍼슨은 추수감사절이 왕정시대(미국이 영국의 지배하에 있던 기간)의 관습이라는 이유로 중지시켰으며, 그 후로 50년 이상 중단되었던 추수감사절 행사를 링컨 대통령이 국가적인 국경일로 선포하여 다시 '추수감사절'이 부활하게 된 것이다. 링컨은 추수감사절을 국경일로 제정하며 다음과 같이 선포했다.

"나는 우리의 경건한 조상, 청교도들이 미국 땅에 감사의 씨로 뿌린 신앙의 유산을 우리 후손들이 잘 계승하도록 이 날을 국가 축제일로 선포합니다."

그 후 역대 대통령들이 추수감사절에 '감사 메시지'를 발표하는 것은 전통이 되었다.

"험하고 고생스러운 시대에 초라한 경제력을 가졌던 우리 조상에 비하면 지금 우리는 훨씬 편하고 풍요로운 시대에 살고 있습니다. 그러나 오늘날 미국의 위기는 좋은 것을 주신 하나님께 감사하지 않는

데 있습니다." - 시어도어 루스벨트(26대 대통령)

"우리를 사랑하시는 하나님 아버지의 자비하신 은혜에 대하여 헌신과 봉사의 정신으로 감사를 올려드립니다." - 우드로 윌슨(28대 대통령)

"이 가을의 하루를 추수감사절로 정하여 생명을 주신 하나님 아버지의 축복을 감사하는 것은 우리 미국인의 슬기와 경건이 드러난 전통이 아닐 수 없습니다." - 프랭클린 루스벨트(32대 대통령)

청교도들이 처음 감사의 예배를 올렸을 때는 그들이 아직 황무지 벌판에 있었을 때이다. 그들은 풍요로운 수확과 행복한 환경에서 감사한 것이 아니라, 옥수수와 감자 몇 개로 하루하루를 연명하던 때에 하나님께 감사했던 것이다. 넘쳐나서 드린 감사가 아니었다.

황무지에 씨를 뿌렸을 때 열매를 주신 하나님, 겨울에 심한 추위와 싸웠으나 통나무집을 주신 하나님, 생명을 위협하는 인디언도 있었지만 낯선 외국인들에게 농사법을 가르쳐 준 착한 원주민을 만나게 해주신 하나님께 감사를 드렸던 것이다.

절망할 수밖에 없는 환경에서 감사를 발견한 것이 감사절의 정신이었다.

청교도들의 일곱 가지 감사 조건

첫째, 180톤 밖에 안 되는 작은 배지만 그 배라도 주심을 감사.

둘째, 평균 시속 2마일로 항해했으나 117일간 계속 전진할 수 있었음을 감사.

셋째, 항해 중 두 사람이 죽었으나 한 아이가 태어났음을 감사.

넷째, 폭풍으로 큰 돛이 부러졌으나 파선되지 않았음을 감사.

다섯째, 여자들 몇 명이 심한 파도 속에 휩쓸렸지만 모두 구출됨을 감사.

여섯째, 인디언들의 방해로 상륙할 곳을 찾지 못해 한 달 동안 바다에서 표류했지만 결국 호의적인 원주민이 사는 곳에 상륙하게 해주셔서 감사.

일곱째, 고통스러운 3개월 반의 항해 도중 단 한 명도 돌아가자는 사람이 나오지 않았음을 감사.

| 열세 번째 감사 |

감사가 만든 기적

 미국 오하이오 주 신시내티에 '프록터 갬블 비누회사'를 설립한 할레이 프록터 사장은 늘 감사하는 마음으로 살았다. 그는 신실한 신앙인으로 회사가 어려웠을 때도 두려워하거나 불평하지 않고 오히려 감사하며 철저히 십일조 생활을 한 사람이었다.
 한번은 직원의 실수로 기계 작동 시간을 잘못 맞추는 바람에 엉뚱한 비누제품이 생산되어 회사는 막대한 손실을 입게 되었다. 부서 책임자는 담당 직원을 심하게 질책했고, 이 직원은 본인의 실수로 회사가 곤경에 처하게 된 것을 책임지고 사표를 제출했다.
 그러나 회사가 큰 어려움에 직면할 수도 있는 상황에서 프록터 사장은 흥분하거나 분노하지 않았다. 그는 침착하게 문제를 수습해 나가는 과정에서 잘못 만들어진 비누제품을 분석한 결과 특이한 점을 발견하였다. 그것은 비누가 가벼워서 물에 뜬다는 점이었다.

프록터 사장은 문득 좋은 아이디어가 떠올랐다.

'비누가 물에 뜨면 목욕할 때 더 좋지 않을까?'

결국 프록터 사장의 역발상으로 엉뚱한 이 비누는 연구를 거듭해 '아이보리'라는 상품으로 시장에 출시되었다. 아이보리 비누는 나오자마자 선풍적인 인기를 끌었다.

그 결과 회사는 유명세를 타 세계적인 비누 회사로 발전했고, 늘 감사하는 프록터 사장은 아이보리 덕분에 거부가 되었다. 지금까지 아이보리는 세계적으로 유명한 비누로 그 명성을 유지하고 있다.

프록터 사장처럼 어려움과 절체절명의 순간을 감사하는 마음으로 극복하기란 쉽지 않다. 그러나 그것을 극복했을 때 전혀 예상치 못한 놀라운 기적이 결과로 돌아오게 된다.

20세기 최고의 물리학자 앨버트 아인슈타인은 이런 말을 했다.

"인생에는 두 종류의 삶이 있다. 하나는 기적 같은 건 없다고 믿는 삶이요, 다른 하나는 모든 것이 기적이라고 믿는 삶이다. 그런데 내가 생각하는 인생은 후자의 삶이다."

또한 마이클 프로스트는, "현대인은 일상 속에서 전율하는 법을 모른다. 진정으로 중요한 것은 기적 자체가 아니라 기적을 보는 우리의 눈이다"라고 말했다.

일상의 삶 자체가 기적임을 깨닫는 것은 어려운 일이 아니다. 병원의 응급실이나 중환자실에 가 보면, 우리가 너무나 당연하게 여기는 일상적인 것들이 얼마나 감사하고 기적 같은 일인지 쉽게 느낄 수 있다.

굳이 아인슈타인의 말을 빌리지 않더라도 우리 주위에서 일어나는 모든 것이 기적이다. 우리를 둘러싸고 있는 삶의 굴레를 한 꺼풀만 들추고 감사의 눈으로 그 속을 들여다보면 기적 아닌 것이 없다.

물론 기적의 의미는 사람마다 각자 다를 수 있다. 식물인간에게는 손가락 하나 움직이는 것도 기적이다. 중환자들은 숨만 마음대로 쉬어도 기적이다. 음식은 고사하고 물만 마실 수 있어도 기적이다.

어떤 사람은 사막의 반석에서 물이 나와야 기적이라 생각하지만 사막에서 물 한 모금 얻는 것도 기적이다. 중풍으로 오랫동안 누워 있던 사람에게는 지팡이를 의지해 걷기만 해도 기적이다.

제2차 세계대전 때의 일이다. 일본의 해군 장교 가와가미 기이치는 전쟁이 끝난 후 고국으로 돌아와 눈앞에 펼쳐진 현실에 차마 입을 다물 수가 없었다. 처참하게 변한 고국의 상황, 피폐해진 거리를 보면서

하루에도 수백만 가지의

기적이 일어나지만

그 기적을 기적으로

믿는 사람에게만 기적이 된다.

- 로버트 슐러

가슴이 무너져 내리는 것만 같았다.

그러나 그를 괴롭게 만드는 것은 따로 있었다. 어디를 가나 군인만 보면 "저것들 때문에 우리가 패전했다"며 손가락질하고 노려보는 사람들 때문에 그는 매일 분노와 좌절감에 시달려야 했다. 그런 고통의 세월을 보내다가 급기야 그는 심한 병을 얻게 되었다. 얼굴을 제외한 온 몸이 마비되어 마치 식물인간처럼 움직일 수 없게 된 것이다.

그는 병원에서 정신과 의사인 후치다 씨의 진료를 받게 되었다. 후치다 씨는 환자인 가와가미 기이치 장교에게 물었다.

"기이치 선생, 낫고 싶으세요?"

"예, 낫고 싶지요."

"그럼 제가 시키는 대로 할 수 있겠어요?"

"예, 뭐든지 하겠습니다."

"그럼, 저를 한번 따라해 보세요. '감사합니다!'"

매일 분노와 적개심으로 가득했던 기이치 장교는 갑자기 "감사합니다"라고 말하려니 입이 움직이질 않았다.

"오늘부터 '감사합니다' 란 말을 하루에 1만 번씩 하셔야 합니다. 감사하는 마음만이 당신의 마비된 몸을 치료해 줄 수 있습니다."

의사가 돌아간 후 기이치는 병석에 누운 채로 자신의 병을 고치기 위해서라도 매일 "감사합니다"를 되뇌어야 했다. 처음에는 병을 고치기 위해 억지로 내뱉다시피 했다. 그런데 시간이 지날수록 "감사합니다"라는 말이 진심으로 우러나오는 것 같았다. 분노와 적개심으로 불편했던 상태가 사라지면서 마음 또한 평온하게 변화되기 시작했다.

그의 얼굴에도 평온이 찾아오고 행동도 점점 부드러워졌다. 그를 대하는 가족들도 기이치 씨의 변화에 기쁨을 감출 수가 없었다. 잔뜩 경직되고 우울했던 집안 분위기도 한결 밝아졌다. 이제 예전처럼 화목한 가정으로 돌아오고 있었다.

하루는 막내아들이 감나무에 홍시가 빨갛게 익은 것을 보고는 '저 홍시를 아버지께 갖다드려야겠다'고 마음먹었다. 아들은 잘 익은 홍시 두 개를 따서 아버지의 방문을 열었다.

"아버지, 감 드세요!"

그때 아버지 기이치가 "감사합니다" 하면서 자신도 모르게 손을 내밀었다.

'아, 이럴 수가!'

신기하게도 마비되어 꼼짝도 하지 못한 손이 움직이자 그도, 그의 아들도 눈이 휘둥그레졌다.

손에서 일어난 기적은 그 이후 팔, 다리 등 몸 구석구석까지 이어졌다. 굳어 있던 그의 몸은 마치 감사의 주문에 의해 마법이 풀리듯 그렇게 풀리고 있었다.

감사하는 마음에서 기적의 씨앗이 자라난다.

우리에게 주어진 환경이 어떠하든지 감사한 마음으로 그것을 받아들일 때, 우리의 마음에는 평안과 기쁨이 찾아오고, 결국은 불치의 병도 극복하는 기적을 경험하게 된다.

감사는 절망을 밀어내고 희망을 끌어오는 기적의 힘을 가지고 있다. 감사는 산수의 덧셈이나 곱셈과 같아서 감사하면 할수록 그곳에는 크고 작은 기적이 나타난다. 그러나 이와 반대로 감사가 없는 삶은 뺄셈이나 나눗셈과 같아서 받은 축복까지도 잃어버린다.

기적은 감사가 충만할 때, 그래서 하나님의 마음을 움직일 때 일어난다. 하나님은 때때로 우리의 작은 감사를 통해 일상에서 작은 기적을 주시지만, 가끔 역경과 시련의 때에도 크게 감사하는 사람을 통해 큰 기적을 베푸신다.

| 열네 번째 감사 |

감사할 대상을 찾아라

우리는 살아가면서 많은 이들의 도움을 받게 된다. 그래서 가만히 주위를 둘러보면 감사해야 할 분들이 너무 많음을 새삼 깨닫게 된다.

나를 이 세상에 존재할 수 있도록 해주신 부모님으로부터 내가 이 자리에 설 수 있기까지 알게 모르게 도와주시고 이끌어 주신 분들을 생각하면 감사해야 할 분들은 헤아릴 수 없이 많다.

그래도 우리의 감사를 제일 먼저 받아야 할 분은 단연 하나님이시다. 그래서 우리는 매일 주님께 감사기도를 올리고 감사헌금도 드린다.

언젠가 어떤 목사님으로부터 감사헌금에 얽힌 한 장로님의 이야기를 들은 적이 있다.

그 목사님의 교회에서는 매년 절기가 돌아오면 교인들에게 미리 봉투를 나눠 주고 작정헌금을 하는 시간을 가졌다고 한다. 그리고 그것을 예배 시간에 목사님이 꼭 발표했다고 한다. 그런데 어느 날 목사님이 예배 시간에 차례대로 이름을 호명하다 작은 실수를 저지르고 말았다.

한 장로님이 작정한 헌금 액수를 발표하는데, 그만 30만 원 작정헌금을 "300만 원을 작정헌금 하셨습니다" 해버린 것이다.

장로님은 깜짝 놀라며 당황해 했다. 그러나 아무 말 하지 않고 나중에 발표된 300만 원을 기꺼이 헌금했다.

얼마 뒤 목사님은 그 이야기를 전해 들은 후 장로님을 만나서 미안하다며 사과를 했다. 그러자 장로님이 미소를 지으며 이렇게 말씀하셨다는 것이다.

"목사님, 저는 제가 30만 원짜리 감사 인생인 줄 알고 30만 원만 헌금하려고 했는데, 하나님께서 목사님의 입을 통해 300만 원짜리 감사 인생이라는 것을 알려 주셨습니다. 사실 주일에 30만 원의 10배인 300만 원 작정헌금 발표를 듣고 몹시 당황했습니다.

그리고 그날 밤, 하나님께 그 문제를 내어 놓고 많은 기도를 드렸습니다. 기도를 하면서 지난날들을 헤아려 보니, 제 인생은 목사님이 강대상에서 발표하신 대로 30만 원짜리 감사 인생이 아니라 300만 원짜리 감사 인생이라는 사실을 깨닫게 되었습니다. 그래서 진짜 300만 원짜리 감사 인생이 되기 위해 감사한 마음으로 하나님께 드렸습니다."

결국 감사의 크기는 깨달음의 크기이고, 감사는 은혜를 깨닫는 데서 출발하는 것이다. 물질이 있는 곳에 마음이 있다고 예수님도 말씀하셨는데, 넉넉하지 않은 살림에 큰 재물을 드릴 수 있다는 것은 은혜를 깨닫지 않고서는 불가능한 일인 것이다.

미국을 세운 청교도들은 재물에 대해 두 가지 책임을 강조했다. 첫째는 하나님께 감사 드려야 할 책임이고, 둘째는 어려운 이웃에게 나누어야 할 책임이었다. 그래서 청교도가 세운 나라인 미국에서는 부를 사회에 환원하는 기부 문화가 잘 정착되어 있다.

빌 게이츠, 워렌 버핏, 카네기, 록펠러, 존 워너메이커, 헨리 포드 등 우리가 잘 알고 있는 사람들은 돈만 많이 번 부자들이 아니라 나누는 일에도 부자들이었다. 그들은 자신들에게 재물을 얻게 해준 시민들에게 감사하는 마음으로 그 지역의 복지시설인 도서관, 학교, 교회, 고아원, 양로원, 병원 등을 지어 보답하였다.

한번은 자동차 왕인 헨리 포드가 아일랜드의 수도 더블린을 방문한 적이 있었다. 그곳에 머무는 동안에 한 고아원을 방문했는데, 고아원생들을 위해 강당을 지어 줄 것을 약속하고 건물을 짓는 데 필요한 2천 파운드를 기부하기로 약정하였다.

그런데 다음 날 그 지역 신문에 헨리 포드의 기부에 대한 머리기사가 뜻밖에도 이러한 내용으로 실리고 말았다.

"헨리 포드 회장이 고아원을 위해서 20,000파운드를 기부하기로 약속하다."

2천 파운드가 2만 파운드로 잘못 기재되어 나온 것이었다. 이 사실을 안 고아원 측에서는 바로 포드 회장을 찾아와 정중히 사과했다. 그리고 신문사에 정정기사를 내겠다고 말했다. 그러자 헨리 포드가 미소를 지으며 이렇게 말했다.

"그냥 두십시오. 모두 하나님의 뜻 아니겠습니까? 신문 기사에 실린 대로 20,000파운드를 내겠습니다. 대신 고아원 강당이 완공되면 강당 입구에 이런 글을 써 주시기 바랍니다. '헨리 포드의 뜻이 아니라 하나님의 뜻에 의해 지어진 강당' 이라고요."

문득 나는 진정 감사해야 할 분들에게 감사하고 있는가 하는 생각이 들었다. 동시에 내가 감사해야 할 분들이 주마등처럼 스쳐 지나갔다. 지금의 내가 존재하는 것은 많은 분들의 수고와 희생과 가르침 덕분인데, 그분들의 은혜에 감사해야 함을 너무나 오랫동안 잊고 살지 않았나 싶다.

나에게는 좋은 인생 스승들이 많다. 그중에서도 이 자리까지 '나'라는 사람이 있게끔 이끌어 주신 은사이자 멘토이신 홍정길 목사님을 떠올리지 않을 수 없다.

내가 홍 목사님 밑에서 사역을 시작하게 된 것은 신학대학원 1학년 때부터였다. 그때는 결혼한 지 한 달도 채 안 되었기 때문에 신대원 생활과 결혼 생활, 그리고 목회자로서의 생활이 모두 초년생이었다. 힘들다면 힘들 수도 있는 시기였는데, 내가 지칠 때마다 힘이 되어 주신 분이 바로 홍 목사님이셨다.

다른 교회에 비해 전도사 사례도 후했고, 학비도 전액 지원해 주셨다. 더군다나 교회 신문을 만들 수 있도록 기회도 주셔서 출판, 편집 일에도 발을 들여놓게 되었다. 지금 이렇게 책을 쓰는 사람으로 서게 된 것도 모두 그 시절의 경험들이 발판이 되었기에 가능한 것이다.

내가 처음 맡은 사역은 청소년 사역이었는데, 그 일을 시작한 지 5년째 되었을 때, 청소년들에게 꿈과 희망을 심어 주고픈 열정이 마음에 불일 듯 일어나 책 출판을 생각하게 되었다.

여러 선배 목사님들께 이런저런 조언도 구하고 의논도 드렸지만, 어떤 분도 긍정적으로 답해 주시는 분이 안 계셨다. 모두들 회의적인 반응을 보였을 때, 나는 망설임 끝에 홍 목사님을 뵙기로 결정했다. 비록 부족하고 허점투성이인 글이긴 하지만 내 순수한 열정과 꿈이 담긴 원고를 들고 홍 목사님께 출판을 의논드렸을 때의 두근거림은 지금도 잊을 수가 없다.

'홍 목사님마저 회의적으로 생각하신다면, 그 다음엔 어떻게 하지?' 하는 걱정도 앞섰다. 무명의 청소년 사역자의 글을 누가 읽어 주겠는가, 하는 소극적인 마음이 불현듯 들기도 했다.

목사님께 조심스럽게 원고를 내밀며 떠듬떠듬 출판에 대한 말씀을 드린 후 홍 목사님의 입이 떨어지기를 기다렸다. 그런데 홍 목사님의 반응은 나를 깜짝 놀라게 했다.

"전광 형제, 한번 부딪혀 봐. 전광 형제는 청소년 사역에 남다른 열정이 있으니, 틀림없이 이 책이 귀하게 쓰임 받을 거야."

홍 목사님은 흔쾌히 출판을 권하시면서 추천사까지 써 주시겠다고 하셨다. 목사님의 격려에 힘입은 나는 큰 용기를 얻어 출판사 문을 두드릴 수 있었다.

그 후로 인생의 터닝 포인트에 서게 될 때나 중요한 결정을 내리기 전에 꼭 홍 목사님을 찾아갔다.

한번은 강도사 시절, 갑자기 뉴질랜드 이민을 가고 싶다는 생각이 들었다. 그래서 한달음에 달려가 홍 목사님께 의논을 드렸다. 목사님은 내 계획을 찬찬히 들어보시더니 조심스럽게 말씀을 꺼내셨다.

"전광 형제, 혹시 상황이 변해 이민을 못 갈 수도 있으니 아무에게도 알리지 말고 신중하게 준비하는 게 좋겠네."

나는 무슨 일이 생기겠나 싶어 이민 갈 것을 확신하고 모든 준비를 끝내 놓고 있었다. 그런데 이게 웬일인가. 갑자기 이민자들이 몰리는 바람에 나의 계획은 수포로 돌아가고 말았다. 부끄럽기도 하고 뵐 면목도 없었지만 다시 홍 목사님을 찾아갔다. 이민을 못 가게 된 자초지정을 말씀드렸더니 목사님께서 한마디로 이렇게 말씀하시는 것이었다.

"그래, 그러면 그 일은 없던 것으로 하고 나와 함께 여기서 일하는 게 어떻겠나?"

두 말 없이 철없는 나를 다시 받아주시는 홍 목사님이 눈물겹도록 감사했다. 그렇게 해서 나는 남서울교회에서 전임사역을 하게 되었다.

그 뒤 나는 홍 목사님의 소개로 시카고에서 목회를 하게 되었고, 목사님이 코스타 집회 인도 차 미국에 오실 때면 늘 찾아 뵙고 교제를 나누었다. 한번은 시카고 우리 집에 들르신 홍 목사님께 신중히 앞으로의 진로 방향을 의논드렸다. 그때 홍 목사님은 정말 의미심장한 말씀을 해 주셨다.

"한국교회에는 목회자는 많은데 좋은 글로 한국교회를 섬기는 사람은 그리 많지 않아. 나는 전 목사가 글로 한국교회를 섬겼으면 좋겠어."

그러시면서 목사님은 나의 손을 꼭 붙잡고 이렇게 기도하셨다.

"하나님, 전광 형제를 필립 얀시와 같은 저술가로 사용해 주옵소서. 그의 글로 한국교회와 성도들을 섬길 수 있도록 축복해 주옵소서."

홍 목사님의 축복기도 후에 나는 백악관을 기도실로 만든 대통령 링컨을 저술하게 되었고, 넘치는 독자들의 사랑으로 지금까지 행복한 글 쓰기를 해 오고 있다.

홍 목사님도 자신의 일처럼 기뻐하시며 나의 글 쓰는 일에 늘 지원 사격을 해 주신다. 그 다음 책인 성경이 만든 사람 백화점 왕 워너메이커의 책 제목도 홍 목사님이 직접 지어 주셨으며 책에 대한 여러 가지 아이디어도 제공해 주셔서 부족한 글이 좀 더 알차게 거듭날 수 있었다.

나는 홍 목사님을 생각할 때마다 '가족'이라는 두 글자가 떠오른다. 가족은 모든 것을 함께 한다. 가족은 사정에 따라 멀리 떨어져 있어도 가족이다. 가족 중에는 똑똑한 자식도 있고 못난 자식도 있고, 건강한 자식도 있고 몸이 불편한 자식도 있다. 그렇지만 한번 가족은 영원한 가족이듯 지난 18년의 세월을 목사님과 함께 했다.

좋은 은사를 만나 귀한 목회를 배우고, 친형제와도 같은 동역자들과 함께 너무 많은 혜택을 누리며 행복한 인생을 지나온 것이 그저 감사하기만 하다.

홍 목사님을 통해 너무 많은 것을 받고 누렸는데 아무것도 보답하지 못하는 것이 죄송스러울 따름이다. 그렇다고 앞으로도 받은 사랑을 온전히 다 갚을 수는 없을 것 같다. 그만큼 내가 받은 사랑이 크다.

그저 내가 할 수 있는 것이라면, 보답하는 마음으로, 감사하는 마음으로 나의 남은 인생을 열심히 살아가는 것이리라. 그리고 홍 목사님과 같이 후배들을 이끌어 주고 그들 인생의 멘토가 된다면 그분께 조금이나마 보답하는 길이 되리라.

| 열다섯 번째 감사 |

벼랑 끝 감사

다니엘의 감사는 평안할 때 한가로이 드린 감사가 아니라 생명의 위협 속에서 목숨을 담보로 드린 감사였다.

그는 어린 나이에 바벨론 포로로 잡혀가 나라 없는 설움과 가족들과 헤어지는 아픔을 겪었으며, 고난과 피눈물로 인생을 출발했다. 그럼에도 불구하고 자신의 신세를 한탄하거나 자포자기하지 않고 꿋꿋하고 의젓하게 자신의 인생을 개척해 나갔다.

또한, 어린 시절부터 하나님 안에서 일찍 뜻을 정하였고, 세상의 달콤한 유혹이 자신을 넘어뜨리려고 할 때마다 믿음으로 위기를 이겨낸 멋진 신앙인의 모습을 보여 주었다.

다니엘의 감사는 바벨론 느부갓네살 왕의 꿈 해몽 이야기로 거슬러 올라간다. 왕은 꿈을 꾸었는데 아침에 일어나니 꿈은 기억나지 않고 마음에 번민이 가득하였다. 왕은 술객들을 불러 엄명을 내렸다.

"내가 꾼 꿈이 무엇인지 알아내고 그것을 해몽해 보거라. 그렇지 않으면 모두 죽음을 면치 못할 것이다."

박사들과 술객들 모두 왕이 꾼 꿈과 해몽을 알지 못해 죽게 될 위기에 처했을 때 다니엘이 나타나 이 문제를 해결해 주었다.

그가 어린 시절 뜻을 정하였을 때 하나님은 그를 기뻐하셨고 '은총을 받은 자'로 인생을 살도록 하셨다. 그가 하나님께 왕의 꿈을 해몽할 수 있는 지혜를 구했을 때, 하나님은 꿈을 해석할 수 있는 지혜뿐만 아니라 세상을 이길 능력도 허락해 주셨다. 그는 하나님께 감사드렸다.

"나의 열조의 하나님이여 주께서 이제 내게 지혜와 능력을 주시고 우리가 주께 구한 바 일을 내게 알게 하셨사오니 내가 주께 감사하고 주를 찬양하나이다" 단 2:23.

다니엘은 이 일로 왕의 총애를 받게 되었고, 승승장구하여 먼 훗날 총리의 자리에까지 오르게 되었다. 물론 그의 삶의 대부분은 신앙 안에서 평탄한 인생이었지만 왕과 정권이 바뀔 때 만나는 위기도 여러 차례 있었다. 바벨론 시대가 지나가고 페르시아 시대로 정권이 바뀌면서 다리오가 왕이 되었을 때 그는 인생에서 최대의 성공과 위기를 함께 맞이했다.

다리오 왕은 전국을 120도로 나누어 방백 120명과, 그 위에 총리 셋을 두어 나라를 다스렸다. 왕은 지혜롭고 민첩한 다니엘을 총리 가운데도 가장 총애하여 선임 총리로 임명하였다. 그런데 나머지 총리 둘과 방백들이 시기 질투하여 그를 내쫓으려고 갖은 음모를 꾸몄다.

그들은 다니엘의 윤리적인 면과 경제적인 면에서 허물을 발견하고자 은밀히 내사를 벌였다. 혹시 여자와의 스캔들 문제는 없는지, 자신의 직위를 이용해 남몰래 부정한 방법으로 재산 축적을 하고 있지는 않은지 샅샅이 뒷조사를 실시했다.

털어서 먼지 안 나오는 사람이 없다는데 그는 아무리 털어도 먼지 한 톨 나오질 않았다. 오히려 털면 털수록 그의 깨끗하고 정직한 이미지만 부각될 뿐이었다.

그들은 청렴결백한 다니엘을 흠잡을 데가 없자 다른 각도에서 그를 올무에 빠트릴 계략을 시도했다. 그것은 종교적인 면으로 접근해 다니엘이 믿는 하나님을 모함의 도구로 삼는 것이었다.

앞으로 30일 동안 왕 외에 다른 신이나 사람에게 기도하면 그 사람

가장 깊은 감사는

고난을 통과한

사람의 감사다.

을 사자 굴에 던져 넣는 계략이었다. 하루도 쉬지 않고 날마다 세 번씩 창문을 열고 예루살렘을 향하여 기도하는 다니엘을 올무에 빠트릴 유일한 덫이라 기뻐하며 왕의 어인을 받아냈다. 왕은 충성스러운 신하를 죽이려는 간신들의 음모인 줄도 모르고 그저 자신을 신격화시키려는 법령으로 착각하고 어인을 찍었다.

결국 다니엘은 그들의 중상모략과 음모에 걸려 신앙을 포기하지 않으면 사자 굴속에 던져질 수밖에 없는 위기에 처하게 되었다.

법령은 이미 공포되었고, 30일 동안 창문을 닫고 몰래 숨어서 기도하거나 아니면 30일 동안만 잠시 기도를 멈추면 그들의 계획을 수포로 돌릴 수도 있었을 텐데, 다니엘은 그리하지 않았다. 계략을 꾸민 간신들도 그것을 예상하고 있었다.

하나님을 향한 다니엘의 믿음을 일찍이 간파하고 있었고, 그가 결코 하나님을 포기할 수 없다는 사실을 확신했던 것이다. 결국 그들의 예상대로 다니엘은 조서에 어인이 찍힌 것을 알고도, 평소대로 기도하였다. 그것도 그냥 기도가 아니라 감사의 기도를 올렸다. 죽음이 엄습해 오는 것을 알면서도 말이다.

"다니엘이 이 조서에 어인이 찍힌 것을 알고도 자기 집에 돌아가서는 그 방의 예루살렘으로 향하여 열린 창에서 전에 행하던 대로 하루

세 번씩 무릎을 꿇고 기도하며 그 하나님께 감사하였더라"단 6:10.

다니엘은 기도하면 죽는 것을 알았다. 그는 감사하면 죽는 것도 알았다. 사자의 밥이 되어 온 몸이 갈기갈기 찢겨질 것을 누구보다 잘 알고 있었다.

그런데도 그는 끝까지 기도했고, 끝까지 감사했다. 살얼음판을 걷는 생명의 위협 속에서도 그의 감사기도는 입술에서 떠나지 않았다. 하나님을 믿는 신앙을 위해 목숨까지 내어 놓고 감사하는 다니엘의 순교적 감사야말로 감사의 최고봉이라 할 수 있지 않을까?

다니엘은 끝까지 굴하지 않고 감사하며 기도한 일로 사자 굴속에 던져졌다. 그러나 하나님은 배고픈 사자의 입을 막으셨고, 그를 살려 사자 굴속으로부터 건지셨다. 대신 그를 죽이려고 음모의 덫을 놓았던 사람들은 사자의 밥이 되도록 하셨다. 결국 죽음 앞에서도 평생 감사를 드린 다니엘은 다리오 왕과 고레스 왕 시대까지 형통을 누리는 축복의 사람이 되었다.

이처럼 다니엘은 우리에게, 기도하는 사람이 진정으로 감사할 수 있고, 깨끗하고 정결하게 사는 사람이 감사할 수 있으며, 늘 변함없이 감사하는 사람만이 위기 속에서도 감사할 수 있음을 깨닫게 해준다.

하나님이 거하시는 두 곳이 있는데
하나는 천국이요,
다른 하나는 감사하는 마음이다.

가을 Autumn

감사는 톡 터질것 같은
열매의 풍성함 같은 것

| 열여섯 번째 감사 |

앞 북을 쳐라

"범사에 감사하라 이는 그리스도 예수 안에서 너희를 향하신 하나님의 뜻이니라" 살전 5:18.

'범사 감사'가 무엇인가? 그 의미는 곧 '어떤 형편에 처하든지, 모든 일에, 무슨 일이 일어나도' 감사하라는 뜻이다. 한마디로 인생의 양지에서도, 인생의 음지에서도 동일하게 감사하라는 것이다.

범사 속에는 긍정과 부정이 함께 들어 있다. 인간의 기쁨과 즐거움뿐 아니라 슬픔과 괴로움도 들어 있다. 인간의 온갖 희비가 다 들어 있는 것이 범사다.

그렇지만 범사 감사는 긍정과 부정을 초월해서 절대 긍정을 만들어

내는 것을 말한다. 그것은 영적인 차원이고, 하나님의 관점에서 하나님의 눈으로 볼 때만 가능한 것이다.

주님께서 평생 감사의 삶을 우리 모두에게 의무로 주셨다. 많은 사람들이 예수를 믿으면 모든 일이 잘되고 형통할 것으로 착각하며 늘 감사할 수 있을 것이라 생각하지만 막상 그렇지 못한 황당한 일들을 만날 때 왜 그런가 하면서 의아해 한다.

그러나 성경은 예수를 믿는다고 항상 좋은 일만 일어난다고 말하지 않았고, 오히려 고난과 역경을 당할 때조차도 범사에 감사할 것을 교훈하였다.

한 여 집사님이 장밋빛 꿈을 가지고 결혼 생활을 시작했는데 신혼 초부터 남편이 술에 취해 고주망태가 되어 들어오는 바람에 결혼 생활이 엉망이 되고 말았다. 10년의 세월이 흘러도 남편의 술버릇은 여전했고, 집사님은 홀로 가슴앓이를 하며 신앙 생활을 하고 있었다.

그런데 어느 토요일 밤 늦은 시간, 그날도 변함없이 남편은 술에 잔뜩 취해 만신창이가 되어 현관 입구에 쓰러져 있었고, 여 집사님은 남편을 겨우 끌어다 눕혔다. 그러면서 매일 이렇게 술주정뱅이 남편과 씨름하는 자신의 신세를 한탄하며 하나님께 서운한 마음을 토로했다.

"하나님, 왜 제가 그렇게 기도했는데도 남편이 변하지 않을까요. 왜

제 결혼 생활이 이렇게 엉망이 되어야 하나요? 하나님, 이제 저도 더 이상 못 참겠어요."

10년 넘게 쌓이고 쌓인 설움에 대성통곡을 하며 기도 아닌 기도를 하다가 지난 주 들은 목사님의 설교말씀이 불현듯 떠올랐다.

'범사에 감사하라. 그러면 기적이 일어난다!'

그렇지만 감사할 게 하나라도 있어야지 싶어 고민하다 보니 좀 우습기는 하지만 몇 가지 감사거리가 떠올랐다.

"옆에서 정신없이 코골며 자는 남편을 쳐다보면 한심하긴 하지만 그래도 없는 것보다는 낫겠다 싶어 감사합니다. 언젠가 좋은 남편이 될 가능성이 있다고 생각하니 감사합니다. 저렇게 술은 취했지만 다른 데 안 가고 항상 집을 잘 찾아와서 잠을 자니 감사합니다. 술은 좋아해도 여자라고는 아내밖에 모르니 감사합니다. 다른 남편들은 술만 먹으면 손찌검이나 심한 주사를 해서 식구들을 한숨도 못 자게 한다고 하는데 그런 일은 없으니 감사합니다. 술을 그렇게 많이 마셨어도 아직까지 병원에 한번 안 간 것도 감사합니다. 술 먹은 다음 날 아직까지 하루도 결근한 적이 없으니 감사합니다. 토요일에는 술을 더 많이 마셔서 주일날은 어김없이 잠만 자니 제가 교회에 가는 데 방해받지 않아서 감사합니다."

감사기도라고 하기엔 너무 초라한 생각이 들어 웃음이 나왔지만 불평보다는 감사를 하니 속이 후련해지고 기쁨이 생기는 것 같았다. 그래서 계속 떠오르는 대로 감사기도를 읊조리고 있었다.

그때 남편이 목이 말라 잠에서 깨어 보니 아내가 웃으면서 계속 무엇인가를 중얼거리며 기도하는 게 아닌가? 남편이 놀라서 아내에게 조심스럽게 말을 걸었다.

"여보, 한밤중에 잠 안 자고 뭐 하는 거야. 뭐가 좋아서 혼자 싱글벙글 하는 거야?"

"여보, 당신과 사는 것이 너무 감사해서 그래요."

그러면서 지금까지 기도했던 감사의 내용을 모조리 말해 주었다. 순간 남편의 얼굴 표정이 심각하게 변하더니 전혀 예상하지 못한 반응을 보였다.

"여보, 내가 술을 먹고 당신 속을 그렇게 썩였는데도 나와 사는 것이 감사하다고 하니 고맙소. 이제부터는 술 끊으려고 노력하겠소. 그리고 내가 교회 나가는 게 그렇게 소원이라면 당장 내일부터라도 나가겠소!"

10년 넘게 눈물로 기도해도 꿈쩍 않던 남편의 마음이 단 한 번의 감사기도로 움직이는 기적이 일어난 것이다. 물론 여 집사님의 이야기처럼 지금 당장 감사기도만 하면 나의 골치 아픈 문제가 바로 해결되는

것은 아니다.

그러나 분명한 사실은 문제를 감사로 받아들일 수 있다면, 하나님은 문제를 바꾸셔서 일을 해결해 주시는 도구로 사용하실 수 있는 분이라는 것이다. 설사 그렇지 않더라도 우리의 마음 밭을 바꾸셔서 더 이상 문제가 되지 않도록 역사하신다. 여 집사님도 10년 동안 남편을 바꾸려고만 했지 자신을 바꾸려는 시도는 전혀 하지 않았다.

물론 우리는 살아가면서 이해가 안 되고, 설명할 수 없는 많은 어려운 일들을 만난다. 그러나 하나님은 범사에 감사하는 습관을 가지고 인생을 살라고 하셨다. 결국 신앙의 안목으로 보면 모든 것이 합력하여 선을 이루실 것을 주님은 알고 계시기 때문이다.

유대인 탈무드에 보면 존경받는 랍비 중 한 사람인 아키바의 이야기가 나온다.

어느 날 그가 먼 길을 여행하게 되었다. 책을 보기 위한 등잔과 시간을 알리는 수탉, 먼 길을 위한 나귀와 유대 경전인 토라를 가지고 떠났다. 여행 도중 날이 저물어 한 마을에 들어가 잠을 청하자 마을 사람들은 모두 거절하였다. 언제나 감사하는 그는 속으로 생각했다.

'모든 것을 좋게 하시는 하나님이 더 유익하게 하실 거야.'

그는 오히려 감사하며 마을 한 모퉁이에 천막을 치고 잠을 청했다.

그러나 길에서 노숙하려니 잠이 오질 않아서 토라를 읽으려고 등불을 켰다. 그런데 그만 바람에 등불이 꺼지고 말았다. 그는 '하나님이 더 유익하게 하실 거야' 하면서 또 감사했다.

다시 잠을 청하며 누우려 하자, 이번에는 사나운 짐승의 울부짖는 소리에 나귀가 놀라 멀리 도망쳐 버렸다. 이쯤 되면 불평이 나올 법도 한데 그는 '하나님이 더 유익하게 하실 거야' 라고 감사했다. 나귀가 도망치는 바람에 수탉도 놀라 멀리 날아가 버렸다. 그에게 남은 것이라고는 토라밖에 없었다. 그러나 그는 '더 유익하게 해주실 거야' 하며 또 다시 감사했다.

이튿날 아침 날이 밝아, 그는 짐을 챙겨 마을로 들어갔다. 그런데 전날 밤 도적 떼가 습격하여, 마을은 쑥대밭이 되었고 사람들은 모두 죽임을 당하는 끔찍한 일이 일어난 것이다. 만일 등잔이 켜져 있었다면, 그리고 나귀나 수탉이 울부짖었다면, 그가 과연 살아남을 수 있었을까? 항상 어떤 상황에서도 감사하는 아키바를 하나님께서 지켜 주신 것이다.

그렇다. 우리는 내일 일을 알지 못하고 인생길을 살아간다. 아니 한 치 앞도 내다보지 못하고 인생길을 걸어간다. 더 솔직히 말하면 지금 일어나는 일도 그 뜻을 다 이해하지 못한다. 왜 그런 일이 일어났는지 온전히 이해하지 못한다. 오랜 시간이 지나고 나서야 왜 그때 그 일이 일어났는지 깨닫는다. 그리고 그제야 감사한다.

뒷북치는 사람이 인생에서 성공하기는 힘들다. 무엇에든지 성공하려면 앞 북을 쳐야 한다. 그래야 사람들이 따르는 지도자가 되는 것이다. 감사도 뒤늦게 치는 뒷북 감사는 효력이 약하다. 앞 북 감사를 드려야 주님이 더욱 기뻐하시고 인생의 길을 활짝 열어 주신다.

범사 감사가 바로 앞 북을 치는 감사다. 무슨 일이 일어날 때마다 항상 앞 북을 치며 범사에 감사하는 습관이 중요하다.

감사는 형통을 과시하는 액세서리도 아니고, 인생의 고통과 상관없는 사치품도 아니다.

범사 감사는 인생의 양지와 음지 모두에서 교만하지도 않고, 비굴하지도 않고 하나님을 기억하는 것이다.

성공했을 때 감사하는 사람은 교만하지 않으며, 실패했을 때 감사하는 사람은 좌절하지 않는다.

앞 북 감사로 하나님의 마음을 고동치게 하자.

| 열일곱 번째 감사 |

특별한 헌금봉투

전남 여수에 가면 애양원이란 곳이 있다. 이곳은 소록도가 생기기 전에 손양원 목사님이 나환자들을 돌보던 곳이다. 이곳에는 손양원 목사님의 유품들이 전시되어 있는데, 그 가운데 두 아들이 순교를 당한 직후 장례식장에서 하나님 앞에 바쳤던 감사헌금 봉투도 있다. 봉투에는 이런 글귀가 쓰여 있다.

'두 아들의 순교를 감사하며, 1만 원, 손양원.'

1948년 10월 19일, 제주폭동을 진압하기 위해 여수에 집결해 있던 군인들 중 남로당 계열의 군인을 중심으로 해서 여순반란사건이 일어났다.

이 와중에 순천사범학교 졸업을 앞둔 손 목사님의 두 아들 동인과 동신이 공산당에게 체포되어 마지막 순간까지 복음을 전하다 순교하고 말았다. 그 당시 목사님은 교회에서 기도를 하고 있었는데, 갑작스런 두 아들의 순교 소식을 접하고서 그 자리에서 하나님께 기도를 드렸다.

"하나님, 뜻이 있어서 제 아들 둘을 불러 가신 것으로 믿고 감사합니다."

그리고 이내 그의 기도는 이렇게 이어졌다.

"하나님, 내 두 아들을 죽인 사람, 생명을 보존해 주십시오. 제가 전도하겠습니다. 그가 그대로 지옥에 가서는 안 됩니다. 하나님, 저에게 그를 사랑할 수 있는 마음을 주옵소서."

목사님은 서둘러 미군사령관에 청원을 내 자신의 두 아들을 죽인 공산당원을 찾아 용서하기로 결심했다. 그리고 장례식장에 모인 많은 조객들에게 이런 말을 전했다.

"제가 이 시간에 무슨 답사를 하고 무슨 인사를 하겠습니까마는 하나님 앞에 감사하는 마음이 있어서 몇 말씀을 드립니다.

첫째, 나 같은 죄인의 혈통에서 순교의 자식들이 나오게 하셨으니 하나님께 감사합니다.

둘째, 허다한 많은 성도들 중에 어찌 이런 보배들을 주께서 하필 내게 맡겨 주셨는지 그 점 또한 주님께 감사합니다.

셋째, 3남 3녀 중에서도 가장 아름다운 두 아들 장자와 차자를 바치게 된 나의 축복을 하나님께 감사합니다.

넷째, 한 아들의 순교도 귀하다 하거늘 하물며 두 아들의 순교이리요. 하나님, 감사합니다.

다섯째, 예수 믿다가 누워 죽는 것도 큰 복이라 하거늘 하물며 전도하다 총살 순교당함이리요. 하나님, 감사합니다.

여섯째, 미국 유학 가려고 준비하던 내 아들, 미국보다 더 좋은 천국에 갔으니 내 마음이 안심되어, 하나님께 감사합니다.

일곱째, 나의 사랑하는 두 아들을 총살한 원수를 회개시켜 내 아들 삼고자 하는 사랑의 마음을 주신 하나님께 감사합니다.

여덟째, 내 두 아들의 순교로 말미암아 무수한 천국의 아들들이 생길 것이 믿어지니 우리 하나님께 감사합니다.

아홉째, 이 같은 역경 중에서 이상 8가지 진리와 하나님의 사랑을 찾는 기쁜 마음, 여유 있는 믿음 주신 우리 주 예수 그리스도께 감사합니다.

열 번째, 이렇듯 과분한 축복 누리게 되는 것을 감사합니다."

두 아들 장례예배는 아버지 손양원 목사님의 감사의 답사로 눈물바다를 이루었다. 목사님은 슬퍼하는 기색 없이 장례 행렬 맨 앞에서 "영광일세 영광일세 내가 누릴 영광일세" 하는 찬송을 불렀고, 장례식 후에 감사헌금 1만 원을 하나님 앞에 드렸다. 당시 손 목사님의 월급은 고작 80원이었다.

그는 아들을 죽인 안재선을 양자로 삼아 손재선이라는 새 이름을 주었고, 나중에 목회자로 키워내는 사랑의 기적을 이루었다. 그 후 손양원 목사님은 나환자들을 돌보고 교회를 섬기며 공산 치하에서 신앙과 믿음을 꼿꼿이 지켜냈다.

공산군에 체포되어 그가 치러야 했던 고통들은 이루 다 말할 수 없을 정도였지만 손양원 목사님은 일평생 감사의 마음으로 옥고를 치르다가 결국 순교를 했다.

이로써 그의 인생은 자식 앞에 부끄럽지 않은 아버지로 이 땅의 모든 그리스도인에게 감사의 모범을 보여준 영적인 스승으로 영원히 남게 되었다.

| 열여덟 번째 감사 |

제로(0) 감사

영국의 한 기자가 유명한 극작가 버나드 쇼를 찾아가 물었다.

"세계의 모든 책이 불타도 남아 있어야 할 책이 있다면 어떤 책이라 생각합니까?"

그러자 그는 이렇게 대답했다.

"성경의 욥기라고 생각합니다. 욥은 가난해도, 병들어도, 자식을 잃어버려도, 아내가 배반해도 감사할 줄 아는 사람이었기 때문입니다."

욥은 하나님께서 인정하신 동방의 의인이었다. 신앙의 인물을 평가할 때 가장 중요한 기준은 '하나님이 그를 어떻게 보시느냐'이다. 성경에는 많은 인물이 등장하지만 그 가운데 하나님이 사단 앞에서 그 사람 됨됨이를 두 번씩이나 칭찬하신 경우가 욥 외에 또 얼마나 있을까. 하나님은 욥의 신앙 인격을 한마디로 "순전하고 정직하다"고 표현하셨다. 이 말은 그의 하나님을 사랑하는 마음이 시종일관 변함 없었다는 것이다.

그는 하나님을 경외하면서 악을 가까이하지 않은 경건한 인물이었다. 하나님은 의로운 욥을 재물로 축복하셨다. 한마디로 그는 굉장한 갑부였다. 동방에서 최고의 부자였던 것이다.

"……양이 7천이요 약대가 3천이요 소가 5백 겨리요 암나귀가 5백이며 종도 많이 있었으니" 욥 1:3.

그가 가진 재산은 상상이 되지 않을 정도로 큰 것이었고, 아들 일곱과 딸 셋을 두어 자식들도 많았다. 무엇 하나 부러울 것이 없는 사람이었다. 그런데 어느 날 갑자기 그의 삶 속에 까닭 없이 엄청난 재앙이 불어 닥치기 시작했다. 그 많던 재산이 한 순간에 사라지고, 열 명의 자녀를 하루아침에 잃었다. 게다가 욥은 자신의 건강마저 잃게 되었고, 마지막으로 믿었던 아내마저도 하나님을 욕하며 죽어버리라고 저주하고 구박했다.

영문도 모른 채 끔찍한 상황을 당하게 된 욥은 설상가상 위로하기 위해 찾아온 친구들에게서 조롱과 비웃음을 당하게 된다. 욥은 자식도, 재산도, 명예도, 건강도, 친구도, 아내도 모두 그의 곁을 떠나버리는 비참한 순간을 경험한 것이다. 그렇지만 욥은 흔들리지 않았다.

그는 끝까지 좌절하지 않고 인내하였으며, 자신의 신앙을 굳게 지켰다. 그는 한 순간에 모든 것이 날아가 버리는 비극을 당하고도 오히려 하나님을 찬송하며 감사드렸다.

"……땅에 엎드려 경배하며 가로되 내가 모태에서 적신이 나왔사온즉 또한 적신이 그리로 돌아 가올지라 주신 자도 여호와시요 취하신 자도 여호와시오니 여호와의 이름이 찬송을 받으실지니이다 이 모든 일에 욥이 범죄하지 아니하고 하나님을 향하여 어리석게 원망하지 아니하니라" 욥 1:20-22.

욥은 모든 것을 잃어버렸어도 하나님을 향한 사랑과 믿음은 변하지 않았다. 재물을 잃은 것이, 자녀를 잃은 것이, 건강을 잃은 것이, 친구를 잃은 것이, 아내마저 등을 돌린 것이 그의 순전하고 정직한 신앙을 뒤흔들지는 못했다. 그는 오히려 '본래 인간은 아무것도 없는 제로(0) 상태에서 태어났으니 다시 그 원점으로 돌아가서 시작하면 된다' 는 '제로 감사'를 드렸다.

"주신 자도 여호와시요 취하신 자도 여호와시오니 여호와의 이름이 찬송을 받으실지니이다."

사탄은 하나님과 변론하기를, 욥의 좋은 신앙은 하나님이 주신 좋은 조건 때문이기에 모든 축복을 거두어 가면 그의 신앙도 다른 사람과 조금도 다르지 않을 것이라고 했다. 그러나 하나님은 욥의 신앙은 조건적인 신앙이 아니라 무조건적인 신앙이라고 하시며 그의 신앙이 순수함을 거듭 자랑하셨다.

결국 사탄은 욥을 시험하기 위해 모든 것을 그에게서 다 빼앗아가 버렸지만, 헛수고로 끝나고 말았다. 하나님의 말씀대로 욥의 신앙은 조건 때문에 하나님을 사랑하고 감사한 것이 아니라는 사실만 확연하게 입증한 셈이었다.

진정한 감사는 무조건적인 감사이다.

무조건적인 감사는 욥처럼 제로 상태에서 출발하지 않고는 가능할 수 없다. 자신의 모든 것을 하나님께 다 내려놓았을 때만 '제로 감사'를 드릴 수 있다. 마음을 비우고 모든 것이 하나님께로부터 왔음을 고백할 수 있을 때 우리는 제로에서 감사를 시작할 수 있는 것이다.

감사는 무(無)에서 시작해야 한다.

무에서 출발하면 모든 것이 감사하다.

옷 한 벌, 밥 한 끼,

숨쉬는 공기, 따스한 햇빛,

아름다운 자연

이 모두가

감사의 조건이 된다.

물론 제로에서 인생을 출발하는 사람은 흔치 않다. 이미 우리는 너무나 많은 것을 가지고 있고, 누리며 살고 있다. 그러나 내가 가지고 누리는 현재의 모든 것이 내 능력, 내 수고로 인한 것이 아니라 하나님께로부터 왔음을 인정하는 사람만이 제로 감사를 드릴 수 있다. 그렇다면 과연 나는 제로 감사를 드릴 수 있을까? 생각처럼 쉽지 않다.

어린 자식이 백혈병으로 죽어가는 모습을 지켜보는 부모가 과연 감사할 수 있을까? 평생 가족을 위해 헌신하던 아내가 암으로 고통당하는 모습을 지켜보며 과연 그 입에서 감사가 나올 수 있을까? 태어나자마자 장애로 고통 받는 아이를 이 병원 저 병원으로 옮겨 다니면서 혹시 정상인이 될 수 있다는 희망을 가져보지만 결국 평생 장애아로 살아야 한다는 판정을 받았을 때, 과연 부모의 입에서 감사의 말이 나올 수 있을까?

이력서를 수십 통씩 써 가지고 다니면서 취직을 해 보려고 하지만 면접도 제대로 못해 보고 서류심사에서 계속 떨어질 때, 과연 젊은이의 입에서 감사의 말이 나올 수 있을까? 사업을 시작해 보지만 생활비는 고사하고 가게 월세도 해결 못해 빚이 눈덩이처럼 불어날 때, 가게 주인의 입에서 과연 감사의 말이 나올 수 있을까?

이런 상황에서 감사하기는 쉽지 않다. 그러나 제로 감사는 이런 최악의 조건에서도 감사하는 것이다.

전쟁터에서 아들을 잃은 부부가 아픔을 딛고 교회에 출석해서 하나님께 거액의 감사헌금을 드렸다. 헌금봉투에는 이런 감사의 내용이 적혀 있었다.

"좋은 아들을 20년간 우리 곁에 두심을 감사합니다. 그리고 아들의 영혼을 받아 주심을 감사합니다."

비록 아들을 잃고 하나님을 원망할 수도 있었지만 부부는 '제로 감사'를 드렸다. 이들은 20년씩이나 아들과 함께 쌓은 소중한 추억들이 하나님의 선물이라고 생각한 것이다.

제로 인생을 깨닫는 순간 감사 인생이 시작된다. 그렇게 되려면 우리의 마음 상태를 제로로 낮추어야 한다. 만족을 측정하는 마음의 온도계를 언제나 제로에 맞춰 놓고 살아야 한다. 항상 우리의 마음을 제로 상태로 내려놓고 인생을 살게 될 때, 진정한 감사와 행복이 샘솟는다.

감사는 제로에서 시작하는 것이다. 제로에서 출발하면 감사하지 못할 것이 없다. 늦은 밤 잠자리에 들 때 생명을 주님께 반납하면, 아침에 생명을 다시 되돌려 받는 기쁨과 감사로 하루를 시작할 수 있다.

'제로 감사'는 모든 것이 감사의 조건이다.

옷 한 벌, 밥 한 끼, 신발 한 켤레, 책 한 권, 커피 한 잔, 잠깐의 휴식에도 감사하게 된다.

불평은 내가 가지고 있는 나의 위치를 과대하게 생각하는 교만한 마음이고, '제로 감사'는 모든 것이 하나님께로부터 왔음을 인정하는 겸손한 마음이다.

| 열아홉 번째 감사 |

감사 못할 것 없다

심리학자 어니 젤린스키는 걱정에 대해 다음과 같은 연구 결과를 발표했다.

걱정의 40%는 절대 현실로 일어나지 않고,
걱정의 30%는 이미 일어난 일에 대한 것이고,
걱정의 22%는 안 해도 될 사소한 것이고,
걱정의 4%는 우리 힘으로는 어쩔 도리가 없는 것이고,
걱정의 4%는 우리가 바꿀 수 있는 것이다.

결국 걱정해서 우리가 해결할 수 있는 것은 아무 것도 없고, 걱정할

필요가 없다는 것이다. 우리는 일상에서 쓸데없는 걱정거리들로 인생을 낭비한다.

"우리 아이가 기저귀 신세만 면하면 감사하겠어요."
"따로 바라는 것은 없어요. 그저 아이들이 학교에서 공부만 잘해 주면 감사하겠어요."
"아들이 취직만 하면 한 시름 놓고 감사하겠어요."
"딸이 좋은 배필을 만나서 결혼만 잘해 주면 감사하겠어요."
"남편이 정년퇴직할 때까지만 잘 버텨 주면 감사하겠어요."
"은행 융자금만 다 해결하면 감사하겠어요."
"퇴직 후 연금이 먹고 사는 데 지장 없을 만큼만 나오면 감사하겠어요."

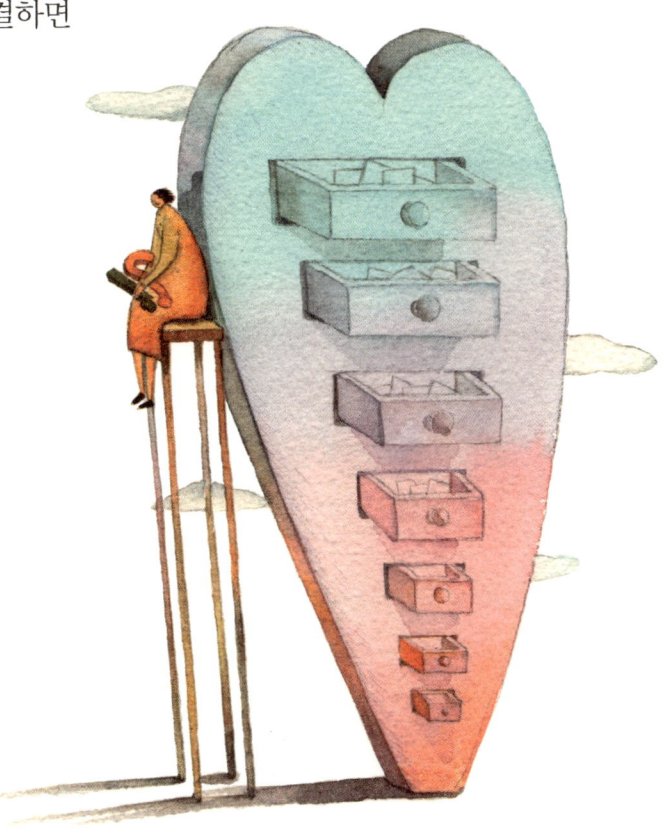

걱정과 문젯거리가 해결되어야만 감사할 수 있고, 행복할 것으로 착각하면 평생 감사와 행복은 우리 손에 잡히지 않는 무지개가 되고 말 것이다. 세월이 흘러도 상황은 달라지지 않는다. 감사와 행복의 이유들만 찾는 사이에 인생은 유수처럼 흘러간다.

그러므로 인생길의 매 순간마다 감사거리를 찾아야 한다.

자칫 모든 문제가 해결되고 평온한 상황이 찾아올 때까지 인생의 기쁨과 감사를 미루다 보면 평생 걱정의 숲에서 헤어나지 못할 것이다.

오늘, 나에게 주어진 현실을 감사하고 인생의 여정을 즐겨야 한다.

감사(Thank)는 생각(Think)으로부터 온 말이다. 생각만 바꾸면 감사하지 못할 것은 없다.

1967년 이스라엘 총리가 된 골다 메이어 여사는 자신의 자서전에서 이런 고백을 하였다.

"나는 내 얼굴이 못 생긴 것을 감사한다. 나는 못났기 때문에 기도했고, 못났기 때문에 열심히 공부했다. 나의 약점은 이 나라에 도움이 되었다. 나의 절망은 하나님의 소명을 깨닫는 기회가 되었다."

그녀는 12년간 수상 자리에 있는 동안 국민들에게 알리지 않고 백혈병과 사투를 벌이면서 자신의 직분을 성실히 감당했다. 나약해지려 할 때마다 하나님을 붙들었고, 아무리 힘든 순간에도 수상이 해야 할 일들에 조금도 소홀하지 않았다. 하나님께서 주신 소중한 직분을 항상 귀하게 여기며 감사의 삶을 살았다.

우리는 종종 학벌이 떨어져서, 외모가 별로여서, 든든한 백이 없어서, 혹은 집안 배경이 안 좋아서 등의 이유를 들어 스스로의 능력을 제한한다.

그러나 이것은 크게 잘못된 생각이다. 오히려 약점이 더 큰 강점으로 활용된 경우를 우리는 위인들의 생애에서 수없이 보게 된다. 감사의 안경을 끼고 자신을 바라보면 신체적인 연약함도 얼마든지 감사의 조건으로 바뀔 수 있다.

대머리도 감사할 조건이 무려 여섯 가지나 된다는 재미있는 글을 보고 한참을 웃은 적이 있다.

1. 여성에게는 거의 없는 현상이다. 그러므로 모든 여성은 감사해야 한다.
2. 하나님의 사랑을 받는 자가 대머리가 된다. 날마다 앞이마를 쓰다듬어 주시기 때문이다.
3. 대머리인 사람은 얻어먹고 사는 사람이 없다. 대머리로 구걸하는

어르신을 위한 평생감사 **153**

사람은 아직 한 사람도 못 보았다.

4. 비교적 목회자들이 대머리가 된 사람이 많다. 엘리사도 대머리였다.

5. 비누, 샴푸, 물을 상당히 절감할 수 있다.

6. 하나님을 편하게 해드린다. 주님은 날마다 우리의 머리카락까지 세시기 때문이다마 10:30.

대머리에도 감사 조건이 이렇게 많이 붙는다면 우리 인생에서 감사하지 못할 것이 무엇이 있을까?

결국 생각의 차이가 감사를 만든다. 머리카락 한 올 심는 데 1만 원이라고 한다. 100개를 심으려면 100만 원이고, 1천 개를 심으려면 1천만 원이다. 1천 개를 심어 봐야 머리에 표시도 나지 않는다고 한다. 보통 사람의 머리카락 숫자가 20만 개라고 하니 1천 개 심어 봐야 한 귀퉁이밖에 되지 않을 것이다. 머리 전체에 다 심으려면 머리카락 값만 20억이다.

그렇다면 머리카락만 제대로 있어도 20억 부자는 되는 셈이니 감사할 수 있지 않을까? 생각을 바꾸면 감사 못할 것이 없다.

| 스무 번째 감사 |

첫 번째 감사 조건

생명은 세상에서 가장 아름답고 고귀한 하나님의 선물이며, 생명이 연장되어 오늘의 아침을 맞는 것은 참으로 감사한 일이 아닐 수 없다.

내 눈으로 만물을 볼 수 있고, 내 코로 신선한 공기를 마실 수 있고, 내 귀로 온갖 아름다운 소리를 들을 수 있으며, 내 입으로 마음에 있는 생각을 자유롭게 표현할 수 있는 것, 이 얼마나 감사한가.

아침에 눈을 떠 사랑하는 가족과 이웃을 볼 수 있고, 내 마음으로 주님을 나의 구주로 고백할 수 있다면 이것만으로도 감사할 충분한 이유가 되지 않을까? 그리고 우리의 몸이 문제없이 제 기능을 발휘하고 있다면 그것 역시 감사할 이유가 아닐까?

이처럼 가만히 생각해 보면 감사할 일이 한두 가지가 아니다.

사람의 심장은 하루에 10만 번 가량 뛴다. 몸속의 혈액은 하루에 약 2억 7,000만 킬로미터를 달리고 하루에 숨 쉬는 횟수는 2만 3천 번 가량이다. 사람이 일부러 수고를 해서 심장이 뛰고 혈액이 달리는 것이 아니다.

폐는 자기가 알아서 쉬지 않고 호흡한다. 이 모든 일에 약간의 차질만 생겨도 생명에 바로 이상이 온다. 사람이 수고하지 않아도 심장이 뛰고 폐가 호흡해 주니 그것 역시 하나님께 감사할 이유다.

전기 값을 한번 따져 본 일이 있는가? 우리 집 전기 값은 한 달에 평균 4만 원 정도 나오고, 1년에 약 50만 원가량 나온다. 365일 하루도 쉬지 않고 쓰고 있는 햇빛 값을 요금으로 계산하면 얼마나 될까? 하나님께서 햇빛 값을 고지서로 발부하시면 사용료를 낼 수 있는 사람이 과연 몇이나 될까?

하나님께서 주시는 태양은 빛만 아니라 적당한 열까지 주어서 사람들은 물론 동물, 식물들까지 골고루 살도록 해주신다. 그런데도 하나님께서 주시는 햇빛은 전부가 공짜다.

병원에서 산소 호흡기를 사용하는 비용은 하루 30만 원이다. 교통 사고가 나면 산소통을 설치해 인공호흡을 시키는 경우가 많은데 산소 값이 꽤 비싸다.

일전에 아는 사람이 3일 동안 산소 호흡기 사용비로만 100만 원가량을 병원에 지불하였다. 사고를 당하지 않은 우리는 매일 30만 원가량의 산소를 무료로 마시고 있으니 하나님께서 공기 사용료 청구서를 보내시면 집을 팔아도 갚을 길이 없다. 일생 동안 마음껏 공짜로 산소를 마시도록 해주신 것만으로도 충분한 감사의 이유가 된다.

어디 그뿐인가? 중동에서는 물 한 드럼 값이 기름 한 드럼 값이다. 그런데 우리는 물을 공짜로 마신다. 하나님께서 물 값 청구하실까 걱정하는 사람이 있는가? 하나님은 무료로 주셨는데 사람들은 자꾸 값을 매긴다. 그리고 보면 우리는 공짜로 받은 것이 너무나 많다. 참으로 인생에서 소중한 것들은 모두 하나님으로부터 거저 받았다.

'은혜'라는 말은 값없이 주신다는 말인데, 우리의 생명, 구원, 자연의 혜택, 물, 공기, 해와 달과 별들, 천부적인 예술 감각, 심지어 타고난 성격까지 하나님으로부터 은혜로 거저 받았다.

그런데도 우리는 만족하지 못하고 더 가지려는 욕심이 생겨난다. 욕심의 안경을 낀 눈에는 부족한 것밖에 보이지 않는다. 그러나 감사의 안경을 끼면 감사거리가 아닌 것이 없다. 어디선가 이런 글을 읽은 적이 있다.

지금 당신의 집에 전기가 들어온다면 세상에 전기의 혜택 없이 사는 20억이 넘는 사람들보다, 집에 식수 시설이 되어 있다면 그렇지 못해 아무 물이나 마시는 10억이 넘는 사람들보다 감사할 이유가 있는 사람이다.

하루 천 원 이상으로 생활하고 있다면 천 원 미만으로 살고 있는 12억 명의 사람들보다, 하루 한 끼라도 따뜻한 음식을 먹을 수 있다면 8억 명의 영양실조로 고통 받는 사람들보다 감사할 이유가 있는 사람이다.

오늘 아침 일어났을 때 당신의 몸이 건강하다면 당신은 이번 주를 넘기지 못할 백만 명의 환자들보다 감사할 이유가 있는 사람이다.

한번도 전쟁의 위험이나 수용소의 외로움, 고문의 고통, 굶주림의 쓰라림을 경험하지 못했다면 당신은 5억 명의 사람들보다 감사할 이유가 있는 사람이다.

체포, 협박, 학대, 고문, 그리고 죽음의 두려움 없이 교회에 나갈 수 있다면 당신은 이 세상의 30억의 사람들보다 감사할 이유가 있는 사람이며, 만일 당신의 냉장고에 음식이 있고, 당신의 몸에 옷이 걸쳐져 있다거나, 잠을 잘 수 있는 집이 있다면, 이 세상 사람들의 75%보다 더 감사할 이유가 있는 사람이다.

당신이 은행에, 그리고 지갑에 약간의 돈이 있고, 어딘가 작은 접시에 동전을 모아 놓았다면 이 세상의 8% 안에 드는, 감사할 이유가 있는 부자다.

두 부모가 아직 살아 계시고 지금 혼자가 아니라면 보기 드물게 감사할 이유가 있는 사람이다.

지금 이 글을 읽고 당신이 축복받은 존재라는 것을 알게 된다면 글을 읽을 줄 모르는 이 세상의 20억의 사람들보다 더 감사할 이유가 있는 사람이다.

행복은 소유에 비례하는 것이 아니라 감사에 정비례한다. 내 삶의 모든 일들이 다 감사로 여겨진다면 그만큼 행복도 커지는 것이다.

그렇다면 어떤 일에 감사할 수 있을까? 돈 많이 번 것, 아파트 값이 몇 배로 뛴 것, 장사 잘되는 것, 좋은 학교 합격된 것, 직장에 취직된 것, 진급된 것, 자녀가 잘 커준 것 등등 다 감사할 일이 될 것이다. 그러나 성경은 이런 감사는 이방인들도 할 줄 아는 감사라 했다.

그러면 우리가 드릴 수 있는 최고의 감사는 무엇일까? 그것은 바로 날 구원해 주신 주님의 은혜에 감사하는 것이다. 주님께서 나에게 구

완성이 늦을수록 성취감은 숙성되어

그 맛이 그윽하다.

더딘 삶, 미완성을 감사하라.

원을 선물로 주셨기 때문이다.

"너의 하나님 여호와가 너의 가운데 계시니 그는 구원을 베푸실 전능자시라 그가 너로 인하여 기쁨을 이기지 못하여 하시며 너를 잠잠히 사랑하시며 너로 인하여 즐거이 부르며 기뻐하시리라 하리라" 습 3:17.

사망에서 영생으로 옮겨진 것보다 더 귀하고 값진 선물이 어디 있겠는가? 하나님께서는 독생자 예수 그리스도를 보내 주심으로 우리의 모든 죄를 대속해 주시고, 절망에 처한 우리를 소망 가운데로 인도해 주셨다.

그러므로 우리는 예수님의 십자가를 바라보며 감사해야 한다. 이것이 모든 감사의 기본이요 시작이다.

진정한 구원의 감사를 깨닫지 못하고 멸망에 처할 사람이 아무리 재산이 많고 명예가 높아 봐야 무슨 소용이겠는가. 구원의 은혜에 대한 감사는 결코 잊어서도, 그 어떤 것과 비교할 수도 없는 첫 번째 감사이다.

인생의 버거운 짐으로 지금 신음하고 있는가? 그렇다면 원점으로 돌아가 구속의 은혜를 생각하고 첫 번째 감사를 회복할 때이다.

| 스물한 번째 감사 |

아홉 명은 어디에

1860년 9월, 미국의 미시간 호수에서 유람선 한 척이 암초에 부딪쳐 침몰하는 대형 사고가 발생했다.

배에 타고 있던 수많은 사람들이 배의 침몰과 함께 호수에 빠져 죽게 되었다. 그런데 당시 대학 수영 선수였던 스펜서가 있는 힘을 다해 17명의 생명을 구출해 낸 기적 같은 일이 일어났다. 연일 매스컴에서는 자신의 목숨을 아끼지 않고 사람들을 구한 그의 영웅적인 행동을 대서특필하였다.

그로부터 오랜 세월이 지난 후, 토레이 박사가 로스앤젤레스에서 집회를 하게 되었다. 토레이 박사는 설교 중, 오래 전 미시간 호수에서 있었던 배의 침몰 사고를 이야기하면서 그때 여러 사람을 구출했던 젊은 수영 선수 스펜서의 용기와 희생정신을 크게 칭찬하였다.

그런데 바로 그 자리에 스펜서가 노인이 되어 토레이 박사의 설교를 듣고 있었다. 토레이 박사는 설교가 끝난 뒤에 스펜서가 집회에 참석했다는 사실을 알고 깜짝 놀랐다. 스펜서를 만난 토레이 박사는 여러 이야기를 나누다가 이런 질문을 했다.

"그 당시 목숨을 구해 준 17명 중 몇 명이나 감사를 표시했습니까?"

스펜서는 가볍게 웃으며 이렇게 대답했다.

"꼭 한 사람이요. 그것도 어린 소녀 한 사람밖에 없었습니다. 그 소녀는 지금까지도 크리스마스 때면 어김없이 저에게 감사카드와 선물을 보내오고 있습니다."

자신의 목숨을 구해 준 이에게 감사하는 것은 당연한 일이다. 하지만 씁쓸하게도 현실은 그렇지 못하다. 감사를 까맣게 잊은 채 살아가는 사람들이 훨씬 더 많은 것이다. 예수님의 시대에도 감사할 줄 모르는 이들이 있었다.

예수님이 예루살렘으로 여행하시는 길에 한센병자 열 명을 만나셨다. 그 당시 한센병 환자들은 부정한 자들로 여겨졌기 때문에, 자기 옷을 찢고, 머리털을 풀고, 사람들이 가까이 오면 손으로 입술을 가리고 "부정하다! 부정하다!" 큰 소리로 외쳐야 했다. 그만큼 일반인들과 완전히 격리되어 사람 취급을 받지 못하고 사는 이들이었다. 그런 한센병자들이 예수님께 다가와 자신들의 병을 고쳐 주기를 간절히 소원했다.

그러자 예수님은 그들의 바람대로 병을 고쳐 주시기 위해 제사장에게 가서 몸을 보이라고 하셨다. 제사장에게 가서 보이라고 하신 것은 제사장이 한센병자를 진찰한 후 깨끗하면 정결 예식을 거쳐서 공동체 안으로 받아들이게 되는데, 이는 예수님께서 그들의 병이 나을 것을 이미 전제하신 행동이었다.

한센병자들은 이런 예수님의 말씀을 듣고 제사장에게 자신의 몸을 보이러 갔다. 그런데 가는 도중 그들은 자신들의 병이 이미 나은 것을 알게 되었다. 그들은 병이 나은 것을 보고 기뻐했다.

그런데 그들 중 아홉은 병이 낫자 기뻐서 제사장에게 달려갔고, 한 사람만 가던 길을 멈추고 예수님께로 돌아와 감사를 드렸다. 그는 이방 사람인 사마리아 사람이었는데 "예수님의 발 아래 엎드리어 감사했다"눅 17:16. 자신의 몸을 낮추어서, 아니 엎드려서 무릎을 꿇고 주님께 진심으로 감사했다.

예수님은 가던 길을 멈추고 돌아온 사마리아인에게 이렇게 말씀하셨다.

"열 사람이 다 깨끗함을 받지 아니하였느냐? 그런데 아홉은 어디

지금 내가 가지고 있는 모든 것은

정말 내 것이 아니다.

살아 있는 동안 잠시 빌려쓰고 있을 뿐이다.

그래서 늘 감사하는 마음으로 살아야 한다.

있느냐?"

그리고 주님은 감사하는 이방인을 기뻐하시며 말씀하셨다.

"가라 네 믿음이 너를 구원하였느니라" 눅 17:19.

결국 이스라엘 사람 아홉 명은 육신의 질병 치료로 끝났지만 예수님께 감사한 사마리아 사람은 영혼의 구원까지 선물로 받게 되었다.

똑같은 은혜를 입었는데 어떻게 이스라엘인과 사마리아인이 이렇게 다를 수 있을까? 여기에 감사의 비밀이 숨겨져 있다.

당시 사마리아인들은 이스라엘인들로부터 무시당하고 소외당하던 이들이었다. 가장 낮은 자리에 있는 사람, 마음이 가난한 사람들이었던 것이다. 어찌 보면 감사할 거리가 없는 처지의 사람들이었다. 그러나 병 고침을 받은 사마리아인은 한달음에 달려가 예수님께 감사를 드렸다.

우리는 흔히 일에 실패하거나, 경제적 형편이 어려울 때, '사업에 성공하고, 잘나가는 사람들이나 감사하지, 나같이 안 풀리는 사람이 어떻게 감사할 수 있겠어!' 하고 생각한다.

그러나 사실은 그렇지 않다. 잘되고 성공한 사람들이 감사하는 것이 아니라 마음이 가난한 사람이 감사하는 것이다. 부자가 감사하는 것이 아니라 마음이 겸손한 사람이 감사하는 것이다.

감사는 겸손한 사람에게 주시는 하나님의 선물이다.

이렇게 진정으로 감사하는 것이 말처럼 쉽지 않다. 우리는 늘 어려운 일에 부딪치면 평생 주님만 믿고 따르겠다며 도와달라고 간청하다가 막상 일이 잘 풀리면 그 마음은 어디론가 사라지고 예전 생활로 돌아가 감사를 잊어버리게 된다.

그런 우리의 모습은 아홉 명의 이스라엘인의 모습과 많이 닮아 있다. 10대 1의 경쟁을 뚫고 입시나 직장에 합격을 한다는 것을 생각해 보라. 아홉 사람 중에 속하기는 쉬워도, 한 사람에 속하기는 하늘의 별 따기이다. 그것은 신앙 생활을 오래 한 사람도, 교회의 직분자도, 목사나 선교사도 예외일 수 없다. 감사 생활이 그만큼 어렵다는 것이다.

하나님께서 원하시는 사람은 기적의 주인공이 아니라 감사할 줄 아는 사람이다. 하나님의 은혜와 은혜 사이, 축복과 축복 사이에는 감사의 사다리가 놓여 있다. 하나님의 은혜와 축복을 계속 누리기 위해서는 대나무가 매듭을 지으며 자라가듯 감사의 매듭을 지으며 사는 삶이 필요하다. 그래야 갑절의 축복을 누리게 된다.

| 스물두 번째 감사 |

3차원 감사

감사에도 수준이 있다.

1차원적인 감사는 조건부(If) 감사이다. 만약 내가 다른 사람보다 더 잘되거나 더 많이 갖게 되면 감사하겠다는 것이다. 그러나 이것은 다른 사람과 비교할 때 항상 자신이 갖지 못한 것만을 불평하는 어린아이 수준의 감사일뿐이다.

2차원적인 감사는 무엇을 받았기 때문에(Because) 받은 것 중에 일부를 드리는 감사다. 상대방과 비교하되 자기보다 못한 사람과 비교하여 자신이 받은 것을 감사하는 단계로 대부분의 사람들이 여기에 속하지 않을까 싶다.

마지막으로 3차원적인 감사는 불행을 당해도, 힘들고 어려워도, 일이 안 되어도, 그럼에도 불구하고(In spite of) 감사하는 수준으로, 모든 악조건 속에서도 하나님의 은혜로 생각하고 범사에 감사하는 사람이다.

어떤 청년이 더운 여름날 점심 식사를 하기 위해 한참을 걸어서 맥도날드 가게로 갔다. 그는 햄버거 하나를 사서 밖으로 나와 야외 벤치 그늘에 앉아 땀을 식히며 먹고 있었다. 이때 자동차 한 대가 햄버거 가게 앞에 멈추더니 한 여자가 내려서 햄버거를 사서 자동차에 앉아 있는 남자에게 가져다주는 것이었다. 이것을 본 젊은 청년은 부러운 눈길로 그 남자를 쳐다보며 생각했다.

'나도 옆에서 챙겨 주는 비서가 있어서 저렇게 자동차 안에서 햄버거를 편히 먹을 수 있다면 얼마나 좋을까?'

그런데 자동차 안에서 햄버거를 먹고 있던 남자는 벤치에 앉아 햄버거를 먹는 청년을 부러운 듯 바라보고 있었다.

'나도 저 청년처럼 다리가 건강해서 햄버거를 사먹으러 집에서 이곳까지 걸어 올 수 있다면, 그리고 벤치에 앉아 맑은 공기를 마시며 점심을 먹을 수 있다면 얼마나 행복할까!'

이처럼 자기에게 없는 것, 자신이 갖지 못한 것만을 생각하며 다른 사람과 비교하며 인생을 사는 사람은 불행하다. 이런 사람들은 1차원적인 수준의 사람이다. 1차원적인 단계의 사람들은 다른 사람과 비교하며, 행복을 저울질한다.

자신에게 있는 것은 보지 못하고, 항상 어린아이처럼 남의 손에 들려 있는 장난감을 바라보며 불행을 느낀다. 소형차를 타고 다니면 중형차 타는 사람들을 부러워하고, 중형차를 타게 되면 고급 세단을 타는 사람들을 부러워하게 되며, 고급 대형차를 타면 이제는 외제차 타는 사람들이 부럽다.

이렇게 욕심은 끝이 나지 않고, 감사하는 마음은 전혀 생기질 않는다.

또 이런 경우도 있다. 열심히 돈을 모아 좋은 아파트를 장만했는데, 얼마 뒤 친한 친구가 자기보다 넓은 평수의 아파트에 사는 것을 알게 된 순간 비교의식 때문에 열등감을 갖게 되고 상대적 빈곤감 때문에 속상해 한다.

우리는 잠시 자신의 손아귀에 쥐어 있는 것을 바라보며 기뻐하고 감사하다가도 상대가 나보다 더 좋은 것을 가진 것을 알게 된 순간, 감사와 행복은 사라져 버린다. 이런 1차원적인 수준의 사람보다 조금 나은 감사를 하는 사람들도 있다. 나보다 못한 사람, 나보다 불행하다고 생각되는 사람들과 비교하면서 만족감과 감사를 찾는 사람들이다.

걸어 다니는 사람은 병원에 누워 있는 사람을 보면서, 차가 있는 사람은 차 없이 걸어 다니는 사람을 보면서, 외제차를 모는 사람은 그보다 못한 차를 타는 사람들을 보면서 상대적으로 본인이 더 누리고 있는 것을 감사한다.

2차원적인 감사를 하는 이들 중에도 단순히 남과 비교하지 않고 하나님께서 주신 은혜를 기억하며 감사하는 사람들도 있다. 그러나 그것 역시 받은 것에 대한 감사일뿐이다. 물론 하나님은 받은 은혜를 기억하며 감사하는 사람들을 기뻐하신다. 그러나 그분은 우리가 더 높은 단계의 감사로 발전하길 원하신다.

그렇다면, 진정으로 더 높은 단계의 감사, 즉 3차원적인 감사는 어떤 것일까.

그것은 바로 '그럼에도 불구하고' 감사하는 단계로, 어렵고 힘든 상황 가운데서도 감사하는 것이다. 조건부의 감사가 아니라 조건을 뛰어넘는 감사이다.

비록 인간적으로 볼 때는 받은 것이 없고, 오히려 어려운 일들이 계속되고, 심지어 모든 것을 잃어도 감사하는 것이다.

영국에서 구두를 만들던 가난한 소년이 있었다. 이 소년은 구두를

감사란 참 아이러니컬한 것이다.

정말 감사해야 될 사람들은

감사할 줄 모르고,

아무것도 가진 것 없는 사람들은

작은 것에도 감사하니 말이다.

만들면서 헬라어, 히브리어, 라틴어를 혼자 공부했고, 교회 생활도 열심히 했다. 훗날 이 소년은 선교사가 되어 인도로 떠났는데, 그가 바로 현대 선교의 아버지 윌리엄 캐리다.

선교라는 이름조차 생소한 그 시절, 윌리엄 캐리는 선교의 비전을 가슴에 품고 이렇게 외쳤다.

"하나님으로부터 위대한 일을 기대하라. 그리고 하나님을 위하여 위대한 일을 시도하라."

그는 인도에서 인도어를 공부하여 영인사전을 편찬하였고, 8년간 각고의 노력 끝에 인도 성경을 번역하였다. 성경을 출판하기 위해 인쇄기를 도입하고 기술자들을 불러 모든 작업 준비를 마쳤다.

그런데 캐리가 지방 순회전도를 나간 사이 화재가 발생해 인쇄기와 성경 번역 원고가 몽땅 불타버렸다. 큰 좌절과 절망이 물밀 듯 밀려왔지만, 캐리는 주저앉지 않았다.

그는 잿더미 위에서 무릎을 꿇고 이렇게 기도했다.

"하나님, 감사합니다. 하나님께서 제 번역이 부족한 것을 아시고 완전하게 다시 번역할 기회를 주신 것으로 알고 다시 시작하겠습니다. 제게 믿음과 인내와 용기를 주소서!"

그리고 다시 번역 작업을 시작하여 드디어 1801년 벵갈어 성경을 시작으로 평생 24종의 인도 방언으로 성경을 번역·출판했다.

윌리엄 캐리의 감사처럼 문제 앞에 굴복하지 않고, 그 문제 자체를 감사의 조건으로 삼는 것이 3차원적인 감사라 할 수 있다. 이런 감사를 하는 이들은 어떤 상황에서도 모든 것을 하나님의 뜻으로 받아들이고 감사의 조건을 찾는다.

나의 감사의 수준은 어디에 머물러 있는가? 감사의 수준을 높여 보자. 믿음의 수준도 더불어 올라가리라.

| 스물세 번째 감사 |

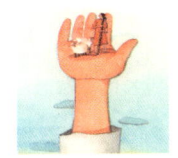

전천후 감사

성경 인물 가운데 최고의 감사 인물을 꼽으라고 한다면 구약에서는 다윗, 신약에서는 바울이라고 말하고 싶다. 그중에서도 한 사람만 선택하라면 나는 다윗의 손을 들어 줄 것이다.

왜냐하면 성경에서 다윗의 감사가 가장 많이 나오기도 하고 그의 삶을 보아도 모든 상황에서 감사하는 자세로 살았기 때문이다.

나는 다윗의 감사를 '전천후 감사'라고 말하고 싶다. 눈이 오나 비가 오나, 날이 춥거나 덥거나, 어떤 기상 조건에도 상관하지 않는 전천후의 의미처럼 그의 감사는 어떤 상황에서도 변함없이 넘쳤기 때문이다.

대부분의 사람들은 다윗의 고통스런 삶보다는 그가 누렸던 풍요와

평안의 삶을 먼저 떠올린다. 그래서 당연히 그가 감사의 노래를 많이 부를 수밖에 없었다고 생각할 수도 있다. 그러나 다윗만큼 고난과 역경의 세월을 많이 보낸 인물도 흔치 않다.

이새의 막내아들이었던 다윗은 여러 형들에게 시달리며 들판에서 양을 치고 살았다. 사무엘 선지자가 찾아오기 전까지는 그저 양을 지키는 목동에 불과했던 것이다. 그런데 사무엘 선지자의 기름부음을 받고 이스라엘의 왕으로 피택되는 순간 인생은 역전되었다.

하지만 다윗은 온전히 왕 위에 오르기까지 10년이 넘는 세월 동안 가시밭길을 걸어야 했다. 그는 질투심에 사로잡혀 자신을 죽이려고 하는 사울 왕을 피해 아둘람 동굴과 황무지 숲 속은 물론 이웃나라에까지 피신하며 도망자로 살았다. 자신을 알아보는 사람을 만나게 되자 실성한 사람 흉내까지 내며 위기 상황을 모면하기도 했다.

왕이 된 후에는 아들 압살롬이 반역을 꾀해 오랫동안 아들에게 쫓겨 다녔다. 이런 극심한 역경과 고난 속에서도 다윗은 자신을 다스리며 날마다 기도와 감사로 하나님을 의지했다.

다윗이 사울 왕을 피해 아둘람 동굴 속에 숨어 지낼 때에 지은 시들을 보면, 그가 최악의 순간에도 하나님께 주옥 같은 감사의 시들을 써서 올렸음을 알 수 있다.

"여호와께 감사하라 그는 선하시며 그 인자하심이 영원함이로다" 시 136:1.

"우리를 우리 대적에게서 건지신 이에게 감사하라 그 인자하심이 영원함이로다" 시 136:24.

"감사함으로 그 문에 들어가며 찬송함으로 그 궁정에 들어가서 그에게 감사하며 그 이름을 송축할지어다" 시 100:4.

"여호와께 감사하며 그 이름을 불러 아뢰며 그 행사를 만민 중에 알게 할지어다" 시 105:1.

"주여 내가 만민 중에서 주께 감사하오며 열방 중에서 주를 찬송하리이다" 시 57:9.

하나님으로부터 '내 마음에 합한 자'라는 최고의 칭찬을 들었던 다윗이 이처럼 어떤 상황 속에서도 전천후 감사를 드릴 수 있었던 비결은 그의 마음자세에 있었음을 보아야 한다.

다윗은 어떤 최악의 상황에서도 자신을 하나님의 종으로 생각하고 한없이 낮아진 마음으로 모든 일에 감사하는 마음자세를 보였다. 다윗은 하나님께 자신의 삶을 기꺼이 내드렸다.

그는 왕이 된 후 성전에 들어가 기도하며 자신의 인생을 되돌아보면서, 자신은 비천한 집안의 일개 목동에 불과하며 하나님의 종으로서 부름받았다는 사실을 깨달았던 것이다.

"다윗 왕이 여호와 앞에 들어가 앉아서 가로되 주 여호와여 나는 누구오며 내 집은 무엇이관대 나로 이에 이르게 하셨나이까" 삼하 7:18.

"여호와여 나는 진실로 주의 종이요 주의 여종의 아들 곧 주의 종이라 주께서 나의 결박을 푸셨나이다" 시 116:16.

"나는 주의 종이오니 깨닫게 하사 주의 증거를 알게 하소서" 시 119:125.

다윗은 부족한 목동인 자신을 부르시고, 기름 부으시고, 왕으로 삼으시고, 백향목 왕궁에 거하게 하신 하나님의 은혜를 생각할 때 감사하지 않을 수 없었다.

"여호와께서 내게 주신 모든 은혜를 무엇으로 보답할꼬……나의 서원을 여호와께 갚으리로다" 시 116:12, 14.

다윗은 끊임없이 받은 은혜를 기억하며 내게 주신 은혜를 어떻게 보답할꼬, 하며 하나님 앞에 겸손히 무릎 꿇었다. 고난의 때에는 불평

사람에게 가장 큰 저주는
'목마름'이 아니라
감사하는 마음이 생기지 않는
'메마름'이다.

하고 형통할 때에는 교만한 것이 인간의 마음인데, 다윗은 형통의 때에도 이 모든 일을 이루신 이가 하나님이심을 고백했다.

다윗의 마음속에 법궤가 떠오른 것은 하나님의 은혜에 대한 감사에서 비롯되었다. 훗날 성전 건축을 위해 자신의 모든 것을 아끼지 않고 내어 놓은 것도 마찬가지다.

다윗이 왕으로 즉위했을 때까지만 해도 하나님의 임재의 상징인 법궤는 시골 기럇여아림의 아비나답 집에 방치되어 있었다. 이것은 그만큼 이스라엘 백성들의 마음이 하나님으로부터 멀어져 있었음을 뜻했다.

다윗은 법궤가 예루살렘 성으로 옮겨질 때 기쁨을 감추지 못하고 어린아이처럼 기뻐하였다. 왕이지만 너무 기뻐서 체면불구하고 덩실덩실 춤을 추었다. 다윗은 법궤가 들어오는 것을 기뻐하여 정신없이 춤을 추다 바지춤이 흘러내리는 것도 몰랐다. 옷도 왕복을 벗어 던지고 평민들이 입는 베옷을 걸쳤다.

이것이 하나님 앞에서 취한 다윗의 마음자세였다.
인간적인 신분을 모두 내려놓고 어린아이처럼, 아니 종처럼 자신을 낮추고 하나님만 기뻐하고 감사하는 다윗의 마음이 전천후 감사를 가능하게 했던 것이다.

자신을 종이라고 생각하고 한없이 낮아진 사람에게 감사하지 못할 일이 있을까? 나를 위해 생명을 주신 주님을 위해서 감사하지 못할 일이 있을까?

다윗은 감사의 절대 기준을 왕의 신분에서 종의 위치로 끌어내려, 지혜롭게 감사의 방법을 몸에 익혔다. 그래서 그는 감사의 용량을 무한대로 넓혀 전천후 감사의 사람이 되었다.

큰 고난과 시련을 이겨낸 사람일수록 어지간한 어려움이나 고통에도 두려워하거나 낙심하지 않고, 오히려 작은 일에 감사하는 지혜를 발휘한다.

하나님의 마음에 합한 자란 보배로운 별명을 얻게 된 다윗의 전천후 감사, 우리 모두 본받아야 할 인생의 지혜가 아닐까?

감사하는 사람은
남아 있는 것을 볼 줄 아는 눈을 가진 자다.

겨울 Winter

감사는 사뿐히 내려앉는
깨끗한 눈꽃 같은 것

| 스물네 번째 감사 |

날마다 소풍 가는 삶

성공한 사람들을 가만히 살펴보면 자신의 일을 소중히 여기고 열정과 도전으로 임하며 어떤 상황에서도 감사하는 마음을 갖고 있다는 공통점을 발견하게 된다.

하기 싫은 일을 억지로 하는 것이 아니라 즐거움과 기쁨으로 일하면서 어느 순간 일과 하나가 되는 것이다. 일을 즐기는 그들은 날마다 설레는 마음과 가벼운 발걸음으로 자신의 일터로 향한다.

이제 고인이 된 현대그룹의 정주영 회장은 생전에 이런 말을 했다고 한다.

"나는 날마다 회사를 출근할 때 소풍 가는 기분으로 나갑니다. 일하러 나가는 것이 아니라 소풍 가는 날처럼 즐거운 마음과 희망을 가지고 오늘 할 일을 그려 봅니다."

그러자 한 기자가 질문을 던졌다.

"그렇다면 회장님, 골치 아픈 일이 잔뜩 쌓여 있는 날도 소풍 가듯이 즐거운 마음으로 나갈 수 있습니까?"

정 회장의 대답은 걸작이었다.

"나는 골치 아프고 힘든 일이 쌓여 있는 날은 그 일이 해결되었을 때의 기쁨을 떠올리며 회사로 출근합니다."

세계 최고 갑부 빌 게이츠 역시 비슷한 말을 남겼다.

"나는 세상에서 가장 신나는 직업을 가지고 있습니다. 매일 일하러 가는 일이 즐겁고 감사할 뿐입니다. 왜냐하면 나의 일터에는 항상 새로운 도전과 기회와 배울 것들이 나를 기다리고 있기 때문입니다."

성공하는 사람들은 일에 대한 열정과 감사가 있다. 꼭 그들이 회사 CEO이기 때문은 아니다. 자신의 일을 감사히 생각하고 즐길 줄 아는 사람은 아무리 하찮은 허드렛일이라도 행복하게 여기고, 결국 그 일로 성공하게 되어 있다. 여기서 말하는 성공은 꼭 높은 자리에 오르고, 돈을 많이 벌고, 권세를 얻는 것이 아니다. 일을 통해 행복해지는 것을 의미한다.

자신의 일을 감사하고 그 일을 즐기다 보면 좋은 아이디어가 떠오르고, 그 사람은 사람들의 사랑과 환영 그리고 인정을 받게 마련이다. 그리고 나머지는 부수적으로 따라오게 된다.

우리에게 브라더 로렌스로 더 많이 알려진 니콜라스 헤르만은 어린 10대 시절 전쟁에 출전했다가 부상을 입어 다리를 절게 되는 불운을 겪었다. 그 후 여러 일을 전전하다가 나이 오십이 넘어 카르멜 수도원의 주방 일을 맡게 되었다.

그는 비록 다리는 불편했지만 비관하지 않고 최선을 다해 주방 일에 임했다. 음식을 정성스레 만들면서 부엌을 작은 천국이라고 생각하면서 말이다. 또한 자신이 만든 식사를 수도사들이 맛있게 먹는 모습을 바라보면서 항상 감사했다.

"하나님! 저의 부족한 요리 솜씨로 귀한 천사들을 섬길 수 있게 해주셔서 감사합니다."

아무리 하찮은 일도 사명감을 가지고 하면 소중한 일이 된다고 믿은 그는 반찬을 만들고, 국을 끓이고, 접시를 닦고, 부엌을 청소하는 일들이 수많은 교인들 앞에서 설교하는 일과 조금도 다르지 않다고 여겼다. 그리고 20여 년의 세월을 한결같이 감사하는 마음으로 주방 일을 했다.

그러자 놀라운 일이 생겼다. 수도사들은 점차 그를 존경하게 되었고, 나중에는 그를 수도원 원장 후보로까지 추천한 것이다. 평신도 수도사는 원장 후보가 될 수 없는 것이 원칙이었는데도 불구하고 말이다. 결국 그는 수도사들의 열렬한 지지 속에 수도원 원장의 자리에 올랐다.

사실 그에게 인간적으로 내세울 만한 것은 아무것도 없었다. 그는 교육도 전혀 받지 못했고, 다리는 불구였으며, 가정도 이루지 못했다. 그러나 날마다 산더미처럼 쌓여 있는 힘든 부엌일을 하면서도 밝은 미소로 "나의 인생은 그저 감사하고 행복합니다!"라고 말했다.

이렇게 감사와 행복으로 매순간 살 수 있었던 브라더 로렌스는 어느 날 국왕 루이 12세의 방문을 받았다. 수도원을 방문한 국왕은 그에게 행복의 비결을 물었다. 그러자 그는 이렇게 대답했다.

"폐하, 행복의 비결은 섬기면서 감사하는 것입니다."

이렇듯 일하면서 감사할 수 있는 삶은 날마다 소풍 가는 즐거운 인생을 살게 된다.

시카고에서 지낼 때 가끔 나는 가족들과 함께 박물관 또는 미술관을 관람하곤 했다. 그곳에는 중·고등학교 교과서에서나 볼 수 있는 작품들이 많이 전시되어 있고, 전시회도 자주 열려 유명 화가들의 작품들을 쉽게 접할 수 있었다.

미술관에서 피카소, 레오나르도 다빈치, 미켈란젤로, 고흐, 고갱, 르느와르, 모네, 밀레 등 세계적으로 유명한 화가의 작품들을 내 눈으로 직접 보았을 때, 그 전율은 정말 대단했다. 그림을 볼 줄은 모르지만, 그림을 통해 느껴지는 감동이 남달랐기 때문이다.

수많은 명화들 중에서도 나의 눈을 끈 그림은 역시 밀레의 '만종'이었다. 아무래도 내가 시골 출신이라 그런지 넓은 들판에 소박한 차림의 농부 부부가 기도하고 있는 만종의 풍경은 낯설지 않았다.

지금도 나는 일과 삶을 결부시킬 때면 밀레의 '만종'을 떠올린다. 그림 속의 주인공들처럼 노동과 신앙이 하나 되어 있는 모습은 내가 꿈꾸는 삶의 모습이기도 하다.

밀레는 농촌 풍경과 일하는 농부만을 즐겨 그린 화가인데, 그의 모든 작품 속에는 언제나 노동과 신앙이 잘 조화를 이루고, 겸손과 경건함, 감사와 사랑이 잘 스며들어 있어, 보는 이로 하여금 잔잔한 신앙을 느끼게 해준다.

'만종'에 묘사된 풍경은 마치 성경 속 보아스와 룻의 아름다운 사랑을 연상하게 한다. 붉게 물든 저녁노을의 들녘에서 고단한 일손을 멈추고 조용히 기도하는 젊은 부부의 경건한 모습과 멀리 예배당 종탑

사이로 퍼지는 낙조의 모습은 참으로 인상적이다.

저녁 예배 준비를 알리는 교회의 은은한 종소리가 작은 마을에 울려 퍼지고, 종일토록 추수하던 젊은 부부가 일손을 멈추고 조용히 고개 숙여 기도를 한다.

"주여, 오늘 하루도 주님을 위하여 땀 흘려 일할 수 있도록 도와주신 것을 진심으로 감사드립니다!"

그들이 하루의 일과를 마치고 경건하게 머리 숙여 기도하는 장면을 떠올릴 때면 일터에서, 삶의 현장에서 진정으로 감사하는 자의 모습이 이런 것이겠구나 하는 생각이 든다.

나는 나의 일을 생각할 때, 날마다 소풍을 가는 듯 즐거운 마음으로 일터로 향하는 꿈을 꾼다. 비록 김밥과 음료수를 챙겨 놀러가는 소풍은 아니지만 즐거운 마음으로 아름다운 소풍을 떠난다. 일이 놀이는 아니지만 놀이처럼 글과 씨름하고 책과 친구가 되어 종일 즐거운 시간을 보내려고 노력한다.

직장인들이 사무실에서 업무 시간 동안 일하다 휴식 시간에 커피를 마시듯이, 나도 부지런히 글을 쓰다 피곤에 지치면 오솔길을 따라 산책하며, 맑은 공기를 들이키면서 잠깐의 휴식을 즐긴다.

나의 감사

북한산 자락의

감사 글방에 칩거하여

어눌한 글 한 줄 쓰다가

감사(느티)나무 바위에 걸터앉아

파란 하늘에 두둥실 떠 있는

구름과 태양을 보고

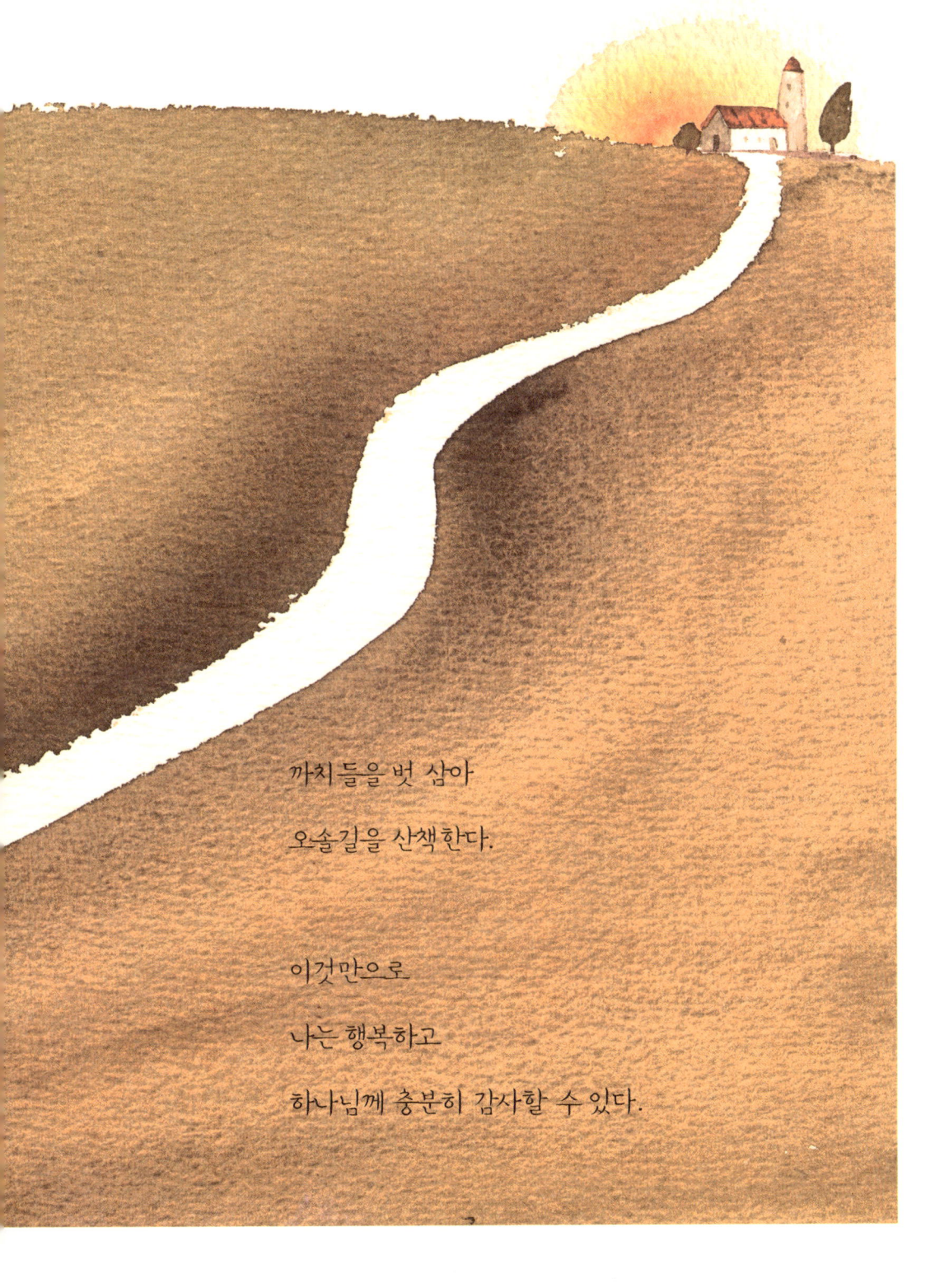

까치들을 벗 삼아

오솔길을 산책한다.

이것만으로

나는 행복하고

하나님께 충분히 감사할 수 있다.

일찍이 막심 고리끼는 "일이 즐거우면 인생은 낙원이지만 일이 의무가 되면 인생은 지옥이다"라고 말했다.

감옥과 수도원의 생활은 겉으로 보기에는 별 차이가 없어 보이지만 안을 들여다보면 전혀 다른 삶이다.

거친 식사, 험한 잠자리, 열악한 환경 등 모두가 비슷한 것 같지만 죄수들은 불평과 요구로 하루가 지나가고, 수도사들은 감사와 찬양으로 하루가 지나간다.

동일한 원소인 탄소로 만들어진 석탄과 다이아몬드가 엄연히 다른 것처럼, 똑같은 환경에서 다이아몬드 같은 보석의 삶을 만드는 인생이 있는 반면, 다 타버린 쓸모없는 석탄재와 같은 삶을 살아가는 인생도 있다.

결국 자신의 일을 가치 있고, 소중하게 만드는 것은 본인 자신이다. 내가 하고 있는 일을 감사하며 사는 인생엔 더 많은 열매들이 풍성하게 맺힐 것이고, 그렇지 않은 사람의 자리는 엉겅퀴와 가시만이 무성하게 자랄 것이다.

나의 일터를 소중히 여기고 감사하는 사람만이 일의 즐거움을 통해 행복도 삶의 보람도 경험할 수 있다. 나의 기업의 지경을 넓히는 성공의 핵심 코드가 감사임을 잊지 말자.

| 스물다섯 번째 감사 |

한국 생활에서 느끼는 감사

약 8년간의 미국 생활을 정리하고 한국에 돌아온 뒤 곰곰이 감사할 일들을 떠올려 보니, 감사할 일들이 끊임없이 이어졌다. 세계의 여러 곳을 다녀보았지만, 우리나라만큼 좁은 땅덩어리이면서도 산과 바다와 강을 골고루 갖춘 나라는 드물었다.

한국에서 생활하며 예전에는 미처 느끼지 못한 감사 제목들이 쏟아졌다.

우선, 첫 번째는 음식에 대한 감사이다.

미국 생활을 하는 동안에는 냄새에 대한 부담이 있었다. 때문에 외출할 시에는 항상 조심하면서 한국 음식을 자제하는 것이 나에게는 큰 고통이었다. 한국 음식을 먹은 날은 냄새 제거를 위해 특별히 신경을 써야 하는 일도 많았다.

잘 아는 친구 목사님은 김치 냄새 때문에 도서관에 들어가지 못하는 황당한 일을 경험하기도 했다. 그런가 하면 음식 맛도 한국에서 먹던 맛이 제대로 나지 않아 늘 아쉬운 마음이 있었는데, 그나마 타국에서 우리 음식을 먹을 수 있다는 것만으로 위안을 삼으며 지냈다.

한번은 아이들이 여름방학을 맞아 집필을 위한 자료 수집 차 2주 가까이 미국 남부지방을 여행한 적이 있었는데, 그 기간 동안은 한국 음식을 전혀 먹지 못했다. 나에게는 거의 고문에 가까운 시간이었다. 얼마나 고생했는지 여행 이후로 햄버거나 피자, 샌드위치를 보는 것조차 힘들어할 정도였다.

한국으로 돌아오기 위해 살던 집을 내놓았을 때는 수개월 동안 집에서 한국 음식을 아예 해 먹지도 못했다. 집에서 김치 냄새나 된장 냄새를 제거하기 위해 날마다 커피를 끓여서 커피 향이 집안에 배도록 해야 했다.

한국에 돌아와서 가장 감사한 일은 우리나라의 구수하고 정겨운 음식들을 마음껏 먹을 수 있다는 것이었다.

김치찌개, 된장찌개, 그동안 냄새 때문에 잘 먹지 못했던 온갖 종류의 탕들을 실컷 먹을 수 있다는 게 얼마나 감사한지 모른다. 냄새가 진동하는 청국장을 끓여 먹어도 뭐라고 하는 사람이 없으니 그저 신기하고 감사하기만 했다. 내 입맛에 맞는 음식을 남의 신경 쓰지 않고 마음껏 즐길 수 있다는 것이 얼마나 감사한 일인가.

둘째는 자연에 대한 감사이다.

특별히 내가 살던 미국 일리노이 주의 시카고 지역은 고층 빌딩과 공원이 많고, 미시간 호수도 있어 아름다운 도시로 손꼽힌다. 그렇지만 아쉬운 점은 산이 없다는 것이었다.

일리노이 주는 우리나라만한 땅덩어리이지만 남산 정도의 산은 고사하고 아이들이 놀 만한 조그마한 뒷동산도 찾을 수 없다. 주 전체가 끝없이 펼쳐지는 광활한 평지일 뿐이다. 그래서 답답할 때면 늘 동네에 남산만한 산 하나만 있으면 좋을 텐데, 하는 아쉬움으로 8년의 세월을 지냈다.

그러다가 한국에 돌아와서 눈만 돌리면 사방에 산이 보이는 것이 신기했다. 내가 살고 있는 지역에선 북한산이 보이고, 앞뒤에 이름 모르는 산들이 즐비하게 늘어서 사방을 겹겹이 두르고 있다.

더군다나 나의 '감사 글방'은 북한산의 절경이 한눈에 들어오는 곳이라 산이 주는 위엄 앞에 그저 감탄하며 살아가고 있다.

얼마 전, 가까운 친구 목사님 가정과 우리 부부가 함께 북한산을 등정하였다. 상쾌한 공기에 향긋한 흙내음, 솔잎 사이에서 불어오는 실바람이 이마와 가슴 사이로 스며들어, 모처럼 흘린 비지땀을 식혀 주었다. 산을 오를수록 몸은 힘들었지만 기분은 상쾌했다. 정상에서 내려다보는 서울의 도심은 생각보다 넓고 아름다웠다. 정상에 잠시 머물러 있는 동안, 산은 나의 귓가에 바람 소리로 이렇게 전해 주는 듯했다.

'더 멀리 보고 인생을 살아라. 너무 눈앞만 보지 마라. 그리고 정상은 오래 머물 수 있는 곳이 아니다. 이제 아래로 내려가는 인생을 배워라.'

산이 내게 준 귀하디귀한 선물이었다. 나는 산 위에서 그동안 세상에서 찌든 몸속의 노폐물을 말끔히 씻어 내고, 맑고 신선한 공기를 가득 채워 내려왔다. 산에 올라 자연을 마음껏 즐기다 보니 에머슨 시인의 시구가 불현듯 떠올랐다.

"우리 눈앞에 피는 아름다운 꽃과 향기롭고 고운 풀과 새들의 노래와 별들의 역사와 우리가 보고 듣는 모든 아름다운 것을 주신 하나님, 감사합니다.

맑은 시내와 푸른 하늘과 큰 나뭇가지 밑에 놀기 좋은 그늘과 상큼한 공기와 시원한 바람과 멋진 꽃을 피우는 나무를 주신 하나님, 감사합니다."

모든 일에 감사한 마음을 갖는다면

지금의 내 자리가

곧 천국이다.

셋째는 자전거다.

나는 주로 자전거를 교통수단으로 이용한다. 한국에 돌아와서 가장 먼저 구입한 것이 자전거였다.

아침저녁으로 나는 이 자전거를 출퇴근용으로 이용한다. 나의 서재인 '감사 글방'까지는 걸어서는 20분 정도 걸리지만 자전거로는 5분이면 충분하다. 자동차를 이용해도 자전거보다는 빠르지 않다. 오히려 걸어서 가는 날보다도 자동차로 출퇴근하는 시간이 더 걸릴 때가 허다하다. 그래서 나는 추운 날이나, 눈비가 오는 날을 제외하고는 대부분의 날은 도보나 자전거를 이용한다.

사실 한국에 돌아와서 1년이 넘도록 자동차를 구입하지 않았다. 아니 평생 구입하지 않을 생각까지 했다. 대중교통 수단도 너무 좋고, 집도 전철역 가까운 곳에 있어서 자동차의 필요를 그다지 느끼지 못했다. 그런데 처남이 외국 생활을 오래한 동생네가 차 없이 사는 것이 안쓰러워 보였는지 새 차로 바꾸면서 자신이 타던 차를 물려주어 부득이하게(?) 차를 소유하게 되었다.

차를 받은 지는 몇 달 지났지만 아직 주행 거리는 고작 100Km도 안 됐다. 주차장에 세워져 있는 차는 자기를 이용해 주기만을 바라며 나의 눈치를 살피고 있다. '기다려라. 아이들 방학이 되면 국토순례를 하

면서 실컷 이용해 줄게.'

그만큼 나는 자전거를 애용한다. 자전거를 타고 다니면서 여러 가지 감사한 생각을 많이 했다.

시골에서 자전거를 타고 중·고등학교 시절을 보냈는데, 그 시절의 향수가 떠올라서 좋고, 자전거를 타고 다니면서 10년은 더 젊어진 것 같아 좋다. 다리 근육도 청년 때처럼 굵어지고 튼실해졌고 건강도 좋아져 여러 모로 자신감을 갖게 되었다.

비록 경치 좋은 곳을 구경하며 자전거 전용도로를 달리는 것은 아니지만 서민들의 정겨운 삶이 묻어 있는 동네 골목길을 이리 피하고 저리 피하며 지나 올 때면 시골의 고향 길을 지나는 것 같아 푸근하기까지 하다.

마지막으로 한국 생활에서 감사하는 것은 부모님과 형제들을 자주 볼 수 있다는 것이다.

멀리 떨어져 있으며 가장 마음에 걸렸던 점은 부모님을 자주 뵙지 못한 것이었다. 집안에 큰 일이 생겨도 형제들과 전화로만 의논할 수밖에 없는 것이 가장 안타까웠다.

아버지께서 협심증 수술을 하셨을 때, 장모님이 고관절 수술을 하셨을 때도 전화로만 안부를 확인할 수밖에 없어 마음의 부담은 이루

말할 수 없이 컸다. 그뿐 아니라 장남으로서 명절 때 부모님을 찾아가 뵙지 못한다는 것 또한 한없이 죄송스러웠다.

그러다가 한국에 나와서 부모님과 형제들, 친지들을 자주 볼 수 있고, 언제든 쉽게 연락할 수 있게 되어 얼마나 감사한지 모른다. 시골에 사시는 부모님은 우리 가족이 한국에 나온 이후로 서울 나들이가 빈번해지셨다. 그것도 계절별로 농사지은 것들을 싸 가지고 몇 번을 다녀가셨다. 하나라도 더 주고 싶어 하시는 부모님의 사랑을 생각하면 그저 감복할 뿐이다.

부모님이 옆에 계신다는 것이 얼마나 감사한 일인지는 외국에 살아본 사람만이 느낄 수 있는 감사이다. 누님과 동생네 식구들이 인사동에서 음식점을 하고 있는데, 가끔 가서 식사를 하고 차를 마시고 함께 지내다 오면 이것이 행복이고 감사라는 생각이 절로 든다.

부모님과 형제들이 주변에 함께 살고 있다는 것은 한국으로 다시 돌아와 살면서 느끼는 특별한 감사의 제목이다.

이 땅에 살면서, 나만이 누릴 수 있는 감사거리를 찾다 보면 밤을 새워도 모자랄 것이다. 한국이라는 아름다운 나라에 한국인으로 살아가는 것만으로도 자부심과 긍지를 가질 만한 감사거리가 아닐까.

| 스물여섯 번째 감사 |

맛있는 감사

얼마 전 시골에 사시는 부모님이 1년 농사를 마치고 햅쌀 다섯 포대와 고춧가루, 가지, 고구마, 감자, 호박, 그리고 김장 김치를 담가 서울로 올라오셨다. 한 해 동안 땀 흘려 수고하신 농작물을 나누어 주시기 위해 직접 차에 싣고 오신 것이었다.

  부모님이 비지땀을 흘리며 키웠을 농작물들을 보니 코끝이 찡해지고 갚으려 해도 다 갚을 수 없는 그분들의 큰 사랑에 목이 메어 왔다. 그저 눈물겹도록 고맙고 감사할 뿐인 부모님, 그런 부모님이 논바닥에서 흘리셨을 땀을 생각하며 쌀 한 톨의 소중함을 다시 생각해 본다.

  우리 모두는 식사 때마다 감사기도를 드린다. 예수님도 음식을 드실 때 감사기도를 하셨다. 오병이어의 기적처럼 적은 양의 음식을 앞에 놓고도 하나님께 감사기도를 하셨고, 날마다 일용할 양식을 위하여 기도하라고 가르치셨다. 그러고 보면 식사기도가 얼마나 오래전부터 있어온 것인지 알게 된다.

유대인들은 탈무드에서 감사를 가르칠 때 식사를 예로 들었다고 한다. 사람이 한 끼 식사로 빵을 먹는다고 생각했을 때, 빵이 되기까지 밭을 일구고 씨를 뿌리고 농작물을 가꾸고 거둬들여 타작을 하고 밀을 빻아 가루로 만들어 반죽을 하는 등 무려 15단계나 거친다고 하는데, 그런 수고를 들여야 식사 한 끼를 할 수 있는 것이니 감사기도는 당연한 것이라고 가르쳤다는 것이다.

우리 조상들도 한문의 '八'과 '八'이라는 글자를 합한 '쌀 미'(米) 자를 써서 쌀 한 톨이 밥상에 오르기까지 농부의 손이 88번이나 간다는 의미를 담았다. 쌀 한 톨이 만들어지는 데 7개월이라는 긴 시간이 걸리니, 쌀 한 톨이 생산되기까지 농부가 구슬땀을 얼마나 많이 흘리겠는가. 우리 조상들은 그 정성을 알기에 밥알 한 알도 함부로 남겨선 안 된다고 강조하고 또 강조했던 것이다.

그런데 요즘은 어떤가? 음식이 남아돌아 문제이고, 먹다가 쉽게 버리기가 일쑤다. 음식의 낭비는 일상화되었고, 그 안에 담긴 농부들의 정성과 수고는 점점 잊혀져 갈 뿐이다.

그러나 쌀 한 톨 만들어지는 데 아무리 농부의 수고가 많이 들어간다 해도 하나님의 은혜에 비할 수는 없을 것이다.

그래서 누군가가 말하길 수확의 결실이 있는 것은 천연혜택(하나님)이 96%요, 인공혜택(농부)이 4%라고 했다. 그렇다고 농부의 수고를 과소평가하는 것은 아니다. 다만 하나님의 도움이 없다면 농부의 수고도 헛수고라는 말이다.

태양의 빛, 수분과 바람과 이슬 모두가 하나님께서 주시는 축복들이다. 농사를 짓는 데 꼭 필요한 4가지 요소는 토지와 씨앗과 물과 햇빛으로 모두 없어서는 안 될 것들이다. 한 가지 요소만 빠져도 농사를 망친다. 그런데 바로 이 요소들은 모두 하나님으로부터 오는 것이지, 인간이 수고해서 얻을 수 있는 것들이 아니다. 하나님이 토지를 주셔야 하고, 하나님이 씨앗을 만드셔야 하며, 하나님이 알맞은 비와 적당한 햇빛을 내려 주셔야만 농사를 지을 수 있다.

그러므로 우리는 기도할 때마다 하나님께 감사해야 한다. 비록 내가 수고해서 농사를 짓고, 내가 수고해서 번 돈으로 음식을 사먹더라도, 모든 일용할 양식은 하나님이 주신 열매들이다. 그래서 모든 것을 주신 하나님께 감사를 드려야 하는 것이다.

옛날에 별미를 좋아하는 미식가 왕이 있었다. 어느 날 왕은 맛있는 식사를 한 후 감탄하며 말했다.

"이제껏 먹어 본 요리 중에 최고의 맛이다. 이 훌륭한 요리를 만든 요리사에게 상을 주겠다."

요리사는 왕의 말을 듣고는 겸손히 대답했다.

"폐하, 칭찬해 주셔서 감사합니다. 그러나 이 요리는 제 기술이 좋아서라기보다 좋은 야채 덕분입니다. 상을 주시려거든 싱싱한 야채를 판 야채 장수에게 주십시오."

왕은 그의 말을 듣고 보니 맞는 말인 것 같아 당장 야채 장수를 불렀다. 왕궁으로 불려온 야채 장수는 왕의 칭찬을 듣고 깜짝 놀라며 말했다.

"폐하, 저는 야채를 팔았을 뿐, 상을 받을 사람은 야채를 정성껏 재배한 농부입니다."

이번에는 야채를 정성껏 재배한 농부가 불려 왔다. 농부도 역시 자기가 재배한 야채가 세상에서 가장 맛있다는 말을 듣고 어쩔 줄 몰라 했다.

"폐하, 저는 그저 씨앗을 뿌리고 야채를 잘 손질했을 뿐입니다. 때를 따라 비를 주시고 햇볕을 주시고 자라게 하신 분이 없었다면 저는 아무것도 거둘 수 없었을 것입니다."

그렇다. 모든 감사는 하나님이 받으셔야 한다. 하나님이 주셨으니 당연히 하나님께 감사를 드려야 되는 것이다.

그렇다면 감사하며 음식을 먹는 사람과 그렇지 않은 사람은 어떤 차이가 있을까? 마침 미국 의사 존 자웽이 감사기도를 드리고 음식을 먹는 사람과 그렇지 않은 사람 사이에 건강의 차이가 있다는 사실을 발표한 적이 있다. 그가 발표한 효능 3가지는 이러했다.

식사 때마다 감사하는 사람들에게서는,

첫째, 질병을 예방해 주고 면역 기능을 향상시켜 주는 신비한 백신이 나오고,

둘째, 질병의 진행을 억제시켜 주고 병균의 침입을 막아 주는 항독소가 생기며,

셋째, 일종의 방부제 성분으로서 위장 내에 있는 음식물이 부패하거나 발효하는 것을 억제시켜 주는 성분인 안티셉틴이 만들어진다는 것이었다.

신기하게도 우리가 감사하고 음식을 먹을 때, 우리 몸이 먼저 반응하여 유익한 분비물을 생산한다는 사실이 놀랍기만 하다. 감사하지 않고 먹는 진수성찬보다 보리밥에 김치 한 가지라도 감사하고 맛있게 먹을 때 이것이 우리 몸에 더 보약이 된다는 사실에 감사의 능력을 다시 한번 실감하게 된다.

식탁 앞에서의 감사기도

사랑의 하나님!
일용할 양식을 주셔서 감사합니다.

이 음식을 먹고
육신이 건강하고, 믿음이 더욱 자라며
날마다 성령 충만한 생활이 이어지게 하옵소서.

끼니때마다 정성껏 음식을 준비하는
아내의 손길 위에 복을 주시되
우리의 곡간이 마르지 않도록 하옵소서.

이 식사 시간이
음식만 먹는 시간이 아니라
행복과 사랑을 나누어 먹으며
서로에게 힘을 공급하고
하나가 되는 축복의 자리가 되게 하옵소서.

예수님의 이름으로 기도합니다. 아멘.

| 스물일곱 번째 감사 |

4중주 감사

이 세상을 구원하기 위해 인간의 몸으로 내려오신 예수님은 그분의 짧은 공생애 기간 동안 감사가 무엇인지 몸소 보여 주셨다.

예수님은 오히려 감사를 받아야 되는 분임에도 불구하고, 당신이 겪을 필요가 없는 고통과 죽음을 불평 한마디 없이 고스란히 감당하면서 감사의 삶을 사셨던 것이다.

평생 감사를 실천하셨던 주님의 생애 가운데서 나는 크게 4가지의 감사를 배울 수 있었다. 예수님의 이 4가지 감사는 마치 실내악의 4중주처럼 아름다운 선율로 다가온다.

1. 있는 것을 감사하라

오병이어 사건은 누구나 잘 알 것이다. 예수님은 자신을 따르는 5천 명을 먹일 일을 앞에 두고 "우리가 어디에서 음식을 사서 이 사람들을 먹이겠느냐" 요 6:5 하셨다. 그리고 안드레가 "예수님, 여기 한 아이가 보리떡 다섯 개와 물고기 두 마리를 가졌는데, 그것으로 어떻게 하겠습니까?" 하며 달리 방도가 없다는 듯 부정적인 반응을 보였다.

어린아이의 도시락, 보리떡 다섯 개와 생선 두 마리로 그 많은 사람을 먹이는 것은 불가능한 일이었다. 그러나 그런 난처한 상황에서 예수님의 반응은 어떠하셨을까?

비록 소량의 음식이었지만 예수님은 있는 것을 먼저 보셨고, 있는 것을 가지고 감사하셨다. 예수님은 "혹시 더 없느냐?"고 묻지도 않으셨다. 모든 일에 앞서 비록 작은 분량이지만 먼저 감사하셨다.

예수님이 작은 것을 놓고 감사했을 때, 놀라운 기적이 일어났다. 남자 어른 5천 명이 먹고도 열두 광주리가 남는 기적이 일어났다.

사람들은 자신에게 있는 것은 보지 못하고 다른 사람이 가진 것만 보기 때문에 감사하지 못하고, 비교하다가 불행하게 된다. 큰 것, 좋은 것, 많은 것만 바라보고, 작은 것, 사소한 것, 평범한 것의 소중함은 보지 못한다. 작은 것을 감사하고 소중히 여기는 마음에서 감사의 열매가 맺히는 것을 예수님의 감사에서 배우게 된다.

2. 실패 속에서도 감사를 잊지 마라

예수님은 전도 여행에서 실패의 쓴 맛을 보셨다. 열심히 복음을 전했지만 돌아오는 것은 수모와 멸시뿐이었다. 수고한 결과에 비해 열매가 너무 초라했다.

예수님이 가장 애쓰며 전도한 마을 사람들이 예수님을 영접하지 않고 오히려 배척했을 때는 "화가 있을진저 고라신아 화가 있을진저 벳새다야 너희에게서 행한 모든 권능을 두로와 시돈에서 행하였더면 저희가 벌써 베옷을 입고 재에 앉아 회개하였으리라" 마 11:21고 책망하시며 탄식할 때도 있었다.

그러나 이런 상황에서도 결국 예수님은 감사로 되돌아가셨다.

"……아버지여 이것을 지혜롭고 슬기 있는 자들에게는 숨기시고 어린아이들에게는 나타내심을 감사하나이다 옳소이다 이렇게 된 것이 아버지의 뜻이니이다" 마 11:25, 26.

어른들은 예수님을 배척했지만 아이들이 주님을 받아들인 것이 감사의 이유였다. 큰 비중을 두고 애쓴 일이 뜻대로 안 되어 가슴 아팠지만 부스러기 은혜로 아이들이 복음을 받아들인 일이 감사의 조건이었다.

그리고 모든 일은 다 아버지의 뜻 안에서 이루어진 일이며, 모든 결과도 아버지의 뜻으로 인정하셨다. "옳소이다. 이렇게 된 것은 아버지의 뜻입니다"라고.

때때로 우리도 큰 실패를 경험하고, 뜻대로 일이 풀리지 않아 분노하고 좌절하고 낙담한다. 그러나 실패와 고통 중에도 감사거리를 찾는다면 하나님은 반드시 갑절의 은혜를 베푸실 것이다.

3. 슬픔의 자리에서도 감사하라

예수님의 또 다른 감사는 나사로의 무덤 앞에서였다. 주님은 바쁜 사역으로 나사로가 죽은 지 나흘이나 지나서야 무덤에 도착하셨다. 이미 나사로의 몸에서는 냄새가 났다. 주님은 그의 죽음을 안타까워하시며 슬픔의 눈물을 흘리셨다.

사람들에게 죽음은 이미 모든 것이 끝난 절망을 의미했다. 무덤을 가로막고 있는 돌문은 산 자와 죽은 자를 갈라놓는 담이며, 절대로 살아 돌아올 수 없는 영원한 다리를 뜻했다.

슬픔과 애통함이 가득한 자리에서 우리는 할 말을 찾지 못하고 위로의 마음만 조심스럽게 전한다. 그런데 이런 상황에서 예수님은 나사로의 무덤 앞으로 나아가 "돌을 옮겨 놓으라"요 11:39 하시더니 뜻밖의 기도를 드리셨다.

"아버지여 내 말을 들으신 것을 감사합니다"요 11:41.

예수님은 죽음의 비극적인 상황을 뒤로 하고 먼저 "하나님, 감사합니다!"를 시작으로 기도하셨다. 예수님의 감사는 너무나도 상식 밖이었다. 초상집에서 금기시되는 언어, '감사'를 주저 없이 사용하셨다. 죽음 이후에 부활이 있고, 죽음 이후에 영생이 있고, 죽음 이후에 하나님이 계시기에 슬퍼할 일이 아니라는 것을 예수님은 알고 계셨던 것이다.

4. 십자가를 감사하라

예수님은 십자가를 지시기 직전 최후의 만찬 자리에서도 감사하셨다. 33세의 나이에 생을 마감한다고 생각하면 아찔하고 가슴 아픈 일이 아닐 수 없다. 자신의 죽음을 알고 있다면 그런 상황에서 감사함이 생길 리가 만무하다. 죽음의 사실을 받아들이기조차 쉽지 않은 상황이다.

만일 우리가 15시간 후에 죽음을 맞이한다고 하면 어떤 마음이 들까. 그것도 죄인들이 당하게 되는 십자가 처형을 받게 된다면 과연 감사라는 말이 입에서 나올 수 있을까. 아마 사형이라는 말만 들어도 몸서리가 쳐질 것이다.

예수님도 죽음 앞에서는 두려움에 만감이 교차하여 밤새 기도하셨다. 그렇지만 그분은 인류를 구원하는 십자가를 외면하지 않으셨고, 죽음을 바로 앞둔 최후의 만찬에서 이렇게 감사하셨다.

"잔을 받으사 사례하시고…… 또 떡을 가져 사례하시고" 눅 22:17, 19.

예수님은 제자들과 마지막 만찬을 거행하는 숙연한 자리에서 주님의 몸과 피를 상징하는 떡과 포도주를 나누어 주시며 감사하고 또 감사하셨다.

"이는 내 몸이다. 받아 먹어라. 이는 내 피다. 받아 마셔라."

주님은 죽음의 시간, 십자가를 앞에 놓고 감사를 드리셨다. 당신의 몸을 내어 놓으며 감사의 기도를 드리신 것이다. 33세에 죽음을 앞두고 마지막 만찬에서 감사를 드린 주님의 감사야말로 깊이 있는 감사이며, 감사 중에 감사라 할 수 있다. 죽음을 앞둔 감사는 오직 영생에 대한 확실한 소망, 부활의 소망을 가진 자만이 할 수 있다.

예수님은 생애의 모든 관계를 감사로 연결하셨다. 예수님은 언제나 하늘을 우러러 감사하셨다.

꽃을 보면서 감사하는 것은 꽃을 만드신 하나님께 감사요, 나무를 보면서 감사하는 것은 나무를 만드신 하나님께 감사다. 하늘을 바라보면서 감사하는 것은 하늘을 만드신 하나님을 향한 감사다.
감사의 씨앗을 심는 사람만이 더 큰 감사의 열매를 거둔다는 것이 믿음의 법칙이요, 예수님은 그것을 삶으로 보여 주셨다.

| 스물여덟 번째 감사 |

작은 것을 소중히 여기는 마음

설교의 황제 스펄전 목사님은 생전에 감사기도를 항상 드렸다고 한다.

"촛불을 보고 감사하는 자에게 하나님은 전깃불을 주시고,
전깃불을 감사하는 자에게 달빛을 주시고,
달빛을 감사하는 자에게 햇빛을 주시고,
햇빛을 감사하는 자에게 영원토록 사라지지 않는 천국의 영광을 비춰 주신다."

작은 것에 감사하는 자에게 큰 것을 감사할 수 있게 해주시는 하나

님. 하나님은 작은 것을 귀하게 여기고 감사하는 사람을 기뻐하신다. 그리고 그런 겸손한 마음을 지닌 사람에게 더 좋은 것으로 채워 주신다. 그래서 성경에서는 작은 일에 충성하는 자에게 큰일을 맡기시는 하나님에 대해 자주 이야기한다.

물론 우리 모두는 작은 것을 감사하고, 작은 일에 충성하며, 작은 것을 소중히 여겨야 하는 것을 잘 알고 있다. 다만 실천을 못할 뿐이다.

헨리 포드가 자동차 왕으로 한창 명성을 날리고 있을 때, 조지아 주의 어느 시골 벽지 학교 여교사 마르다 베리로부터 편지 한 통을 받았다. 편지의 내용은 아이들을 위해 학교에 피아노 한 대를 놓고 싶은데, 1천 달러를 기증해 주실 수 없느냐는 것이었다. 포드는 늘 그렇듯이 의례적인 편지로 생각하고 대수롭지 않게 여겨 10센트만 달랑 봉투에 넣어 보내 주었다. 그러나 헨리 포드로부터 10센트를 받은 여교사는 낙심하지 않았다.

'1천 달러는 아니지만, 그래도 이 10센트로 뭔가 의미 있는 것을 할 수 있을 거야.'

10센트를 헛되이 쓰고 싶지 않았던 여교사는 밤새 고민을 했다. 다음날, 그녀는 10센트를 들고 가게로 가서 땅콩 종자를 구입했다. 그리고는 학생들과 땅콩 농사를 시작했다. 구슬땀을 흘려가며 땅콩 농사를 정성스럽게 지은 학생들과 여교사는 잘 여문 땅콩들을 수확해 감사의 편지와 함께 헨리 포드에게 보냈다.

잘 포장된 땅콩 상자를 받은 헨리 포드는 크게 감동 받아 그 학교에 1천 달러가 아닌 1만 달러를 기부했다. 1천 달러의 1만분의 1인 10센트를 받고도 불평 한마디 하지 않고 감사한 여교사의 마음씨가 결국 10센트의 10만 배 되는 1만 달러라는 수확을 가져온 것이다.

작은 감사 속에는 더 큰 감사를 만들어 내는 기적이 숨어 있다.

사람이 스스로 속고 있는 것 중에 하나가 모든 것을 당연한 것으로 받아들이고 감사하지 않는 것이다. 내가 받는 사랑도 당연하고, 내가 받는 대우도 당연하고, 내가 하는 일도 당연하고, 내가 지금 건강한 것도 당연하다고 여긴다.

그러나 그렇지 않다. 눈을 크게 뜨고 세상을 바라보라. 우리 주위에는 당연하다고 생각되는 일들도 누리지 못하고 어렵게 사는 사람이 얼마나 많은가? 당연한 것을 감사하기 시작하면 고마운 마음은 더욱 커지고 또 하나의 감사의 열매가 만들어지는 것이다.

내가 작은 감사의 기쁨과 행복에 눈뜨게 된 것은 미국에서 지냈을 때였다. 그때 한 장로님의 따뜻한 저녁식사 초대가 나의 삶에 작은 감사를 실천하려고 결심하는 계기가 되었다. 그분은 추수감사절만 되면 한결같이 몇몇 가정을 초대해 음식을 대접해 주셨다.

장로님 부부는 목회자와 가난한 유학생 가족을 섬기는 이 일을 20년 넘게 해오고 계신 신실한 분들이셨다.

그분들 역시 넓은 미국 땅에 도착했을 때, 낯선 곳에서 매우 외로워서 눈물로 지새운 날이 많았다고 한다. 그런데 미국에 도착하고 얼마 안 있어 첫 추수감사절을 맞게 되었는데, 이웃집의 미국인 부부가 초대해 음식을 나누며 위로와 힘을 주었다고 한다.

그것이 너무나 감사해 그때부터 지금까지 자신들과 같은 처지에 있는 외로운 이민자들에게 조금이나마 따뜻한 마음을 나누고자 추수감사절만 돌아오면 이렇게 몇몇 가정들을 초대해 저녁을 함께 나누게 되었다고 한다.

그날도 우리 가족들과 다른 목회자 가정과 유학생 몇 가정이 식사 초대를 받아 한자리에 모이게 되었다. 따뜻한 온기가 느껴지는 벽난로 앞에서 훈훈한 이야기들을 나누다 보니 외롭고 서러운 타향살이의 고초가 눈 녹듯 사라지는 것 같았다.

모두들 권사님이 정성껏 준비한 식탁으로 자리를 옮겨 앉았다. 식탁 위에는 추수감사절 음식인 칠면조 요리와 우리나라 추석음식인 송

작은 것에 감사하라. 큰 것을 얻으리라.

부족할 때 감사하라. 넘침이 있으리라.

고통 중에 감사하라. 문제가 풀리리라.

있는 중에 감사하라. 누리며 살리로다.

편까지 푸짐하게 차려져 있었다. 우리 모두는 서로의 손을 마주 잡고 은혜로운 감사 찬양을 함께 불렀다. 찬양 후, 장로님은 이런 제안을 하셨다.

"오늘은 감사절이니까, 돌아가면서 한마디씩 하나님께 감사기도를 나눕시다!"

그러고는 장로님이 먼저 감사기도를 시작했다.

"명절 때마다 목회자, 유학생 가정을 섬길 수 있는 특권을 주셔서 감사합니다."

함께 모인 식구들은 모두 "아멘"으로 화답했고, 계속해서 감사기도가 이어졌다.

"명절마다 초대해 주시는 장로님 가정으로 인해 감사합니다."
"함께 같은 교회에서 주님을 섬기게 해주셔서 감사합니다."
"힘든 생활 가운데서도 학업을 지속하게 해주셔서 감사합니다."
"아이들이 학교 생활에 잘 적응하게 해주셔서 감사합니다."
"먼 타국 땅에서도 의지할 수 있는 분들이 계셔서 감사합니다."

바쁘게 살아갈 때에는 그런 것들이 감사 제목이 될 수 있을까 싶었는데, 작은 것이라도 감사할 일을 생각하다 보니 감사하지 않은 것이 하나도 없었다.

그날 밤 모두들 돌아가면서 하나씩 감사기도를 말하면서 행복해 하는 모습들이 아직도 잊혀지질 않는다.

그날 우리의 입에서 나온 작은 감사의 고백들은 삶에서 묻어 나오는 가식 없는 감사의 말들이었고, 범사에 감사하라는 주님 말씀의 진리를 깨닫는 귀한 자리였다.

지극히 작은 것을 감사할 수 있는 사람이 날마다 감사할 수 있고, 작은 것을 감사할 수 있는 사람이 가장 많은 것을 감사할 수 있으며, 작은 것을 감사하는 사람이 가장 행복할 수 있다는 평범한 진리를 말이다.

그날 집으로 돌아온 나는 작은 것을 감사하고 실천하는 마음을 달라고 하나님께 기도했다. 그리고 그날 밤 나는 '작은 감사'에 대해 이렇게 기록을 남겼다.

주님은 지극히 작은 나를 택하셨고, 작은 나를 사랑하셨고, 작은 나를 기뻐하셨다.

세상의 모든 것들은 작은 것에서 출발했다.

드넓은 들판도 작은 들풀 하나에서, 크고 아름다운 정원도 나무 한 그루에서, 멋진 화단도 꽃 한 송이에서 시작되었다.

넓은 백사장도 작은 모래알들이 모여 만들어졌고, 강과 바다 역시 작은 물방울에서 출발했다. 비행기, 자동차, TV, 컴퓨터 할 것 없이 모든 것은 작은 부품들이 모여 만들어졌다.

작은 감사, 작은 사랑, 작은 웃음, 작은 나눔, 작은 기도, 작은 실천, 작은 것을 아끼고 소중히 여기는 마음이 주님의 마음이다.
나 또한 작은 것을 감사하는 인생이 되리라.
지극히 작은 것을 평생 감사하는 인생.

| 스물아홉 번째 감사 |

평생 감사 인생

작은 것을 감사하기 시작하면서부터 내 삶은 보너스로 얻은 것들이 많아졌다.

먼저 나의 마음속에는 자유와 기쁨과 평안이 찾아왔다. 그동안 의기소침했던 삶도 다시 회복되었고, 가정도 전보다 훨씬 화목해졌다.

내가 날마다 "감사, 감사"를 외치며 다니자 아이들은 아빠가 이상해졌다고 놀려댔다. 그러면서 아이들이 나에게 별명 하나를 붙여 주었다. '감사 아빠, 감사 목사'라는 타이틀이었다.

내심 그 별명이 싫지 않았던 나는 그 후로 우리 집 가훈을 '평생 감사'로 바꾸고, 이 멋진 네 글자를 표구하여 거실 한복판 잘 보이는 곳에 걸어 두었다.

그리고 아침에 일어나면 구호처럼 '평생 감사'를 습관적으로 몇 번씩 외치며 하루를 시작한다.

우리의 삶을 돌아보면 감사하지 않을 것은 아무것도 없다. 깨닫고 나면 감사하지 않을 것이 없다고 하지만 막상 철들고 나면 죽을 날이 멀지 않았다는 말이 있듯이 순식간에 지나가는 것이 우리 인생이다.

그래서 나는 더 늦기 전에 내가 실천하는 몇 가지 습관을 이 글을 읽는 분들과 나누었으면 한다.

현재 나는 날마다 7가지의 감사 제목들을 일기장에 적고 있다. 전에는 기도 제목을 일기장에 썼었는데, 지금은 '평생 감사'라는 제목의 노트에 일기 적듯이 작은 감사의 제목을 찾아 날마다 감사하는 습관을 키우고 있다.

기도 제목을 쓸 때도 좋았지만 감사의 제목을 쓰면서부터는 감사거리를 찾느라 더욱 감사에 민감한 삶을 살게 되었다. 기도 제목에 대해서도 응답받는 즉시 감사해야 하니 평생 감사 일기장은 1석 2조의 효과가 있다.

내가 주로 감사하는 내용은 다음과 같이 하루의 일상에서 일어나는 지극히 작은 일들이다.

1. 학교 가는 아이들 머리에 손을 얹고 축복하게 하시니 감사.
2. 시골 어머니의 따스한 목소리를 전화로 듣게 하시니 감사.
3. 아내가 나의 감사 글방에 와서 실내를 깨끗하게 청소해 주어서 감사.
4. 글의 진도가 더디지만 조금씩이라도 진척이 있게 하시니 감사.
5. 중학생인 아들이 아빠보다 한 뼘이나 더 자라게 해주시니 감사.
6. 늘 반복되는 일상을 감사한 마음으로 맞이하게 해주시니 감사.
7. 딸아이가 감기 몸살로 학교를 못 갔는데, 반 친구들이 문병 와줘서 감사.

나는 북한산 자락 밑에 있는 작은 서재에도 '감사 글방'이라는 이름을 붙였다. 날마다 아침에 자전거를 타고 출근해서 저녁 늦은 시간까지 독서와 글 쓰는 일로 하루의 일상을 즐기는 소중한 그 공간이 감사로 가득 차길 원하는 마음에서였다.

이곳에는 내가 특별히 좋아하는 나무 한 그루가 있는데 50년 정도 된 큰 느티나무이다. 나는 이 느티나무의 이름도 '감사 나무'라고 지었다. 나무 밑에는 널찍한 돌이 있어 앉아서 쉬기도 하고, 기도도 하며, 사람들이 와서는 사진을 찍기도 하는데, 그 밑에만 있어도 절로 감사가 나온다. 넉넉한 느티나무의 인심이 느껴지기 때문이다.

감사한다고 당장 환경이 바뀌는 것은 아니다.

그러나 감사할 때 우리 자신이 바뀐다.

우리의 마음이 풍요로워지며,

인생을 보는 시각과 깊이가 달라진다.

외람된 말일지 모르지만, 나는 이미 나의 묘비명을 생각해 두었다. 그것은 "평생 감사하며 살다가 하나님께로 돌아가다"이다.

그만큼 나는 이 세상에 사는 동안 감사하는 마음으로 살아가고 싶은 것이다. 평생 감사하되, 작은 일에 매 순간 감사하는 그런 인생이 되고 싶다.

어떤 현수막에 '억수로 감사합니다' 라는 글이 쓰인 것을 보았는데, 나의 인생 또한 나의 가족들에게, 주변의 친구와 지인들에게, 무엇보다도 하나님께 '억수로' 감사하며 살고 싶은 마음이다.

지금 이 순간도 나는 감사 글방에서 비록 어눌한 글재주이지만 주신 달란트를 감사하며, 날마다 감사의 조건을 찾아서 글쓰기를 계속하고 있다.

앞으로도 작은 것을 소중하게 여기시는 주님의 심정을 가지고, 더욱 작은 것을 감사하며, 평생 감사하는 마음으로 나의 남은 인생을 살고 싶다. 또한 이 글을 읽는 독자들에게도 평생 감사의 삶이 행복을 찾는 열쇠가 되길 진심으로 기도한다.

내 평생의 감사 Best 10

1. 예수님을 영접하고 구원 얻은 일.
2. 사랑하는 아내를 만나 결혼하고 평생을 함께하는 일.
3. 사랑스런 딸과 아들을 얻은 일.
4. 목사 안수를 받은 일.
5. 남서울교회의 홍정길 목사님 밑에서 목회를 배울 수 있었던 일.
6. 링컨 책이 베스트셀러가 되고, 생명의말씀사 50주년의 책으로 선정된 일.
7. 여러 교회에 초청 받아 설교하는 일.
8. 미국에서 살면서 다양한 경험을 쌓은 일.
9. 모든 것들을 나눌 수 있는 소중한 친구 몇 가정을 만난 일.
10. 북한산 자락에 나의 서재인 감사 글방을 얻게 된 일.

나의 평생 감사 Best 10 (기록해 보세요.)

1.
2.
3.
4.
5.
6.
7.
8.
9.
10.

에필로그 |

감사의 글

한 편의 글이 완성되기까지 보이지 않는 수많은 사람들의 손길이 필요하다는 사실을 더욱 절감하게 된다.

나를 주님이 지으신 멋진 세상에 태어나게 하시고 지금까지 기도와 사랑으로 후원해 주신 부모님께 먼저 감사드린다. 그리고 나의 사랑하는 가족들에게도 감사의 마음을 전한다. 딸 하영이와 아들 성민이는 낯선 한국 생활에 잘 적응하고 있어서 고맙고, 사랑스런 아내는 부족한 남편 곁에서 늘 함께하니 고마울 따름이다. 아내는 내가 글을 쓸 때마다 반드시 넘어야 할 높은 산이며 가장 날카로운 독자이기도 하다. 그렇지만 항상 기쁜 마음으로 나의 글을 가장 먼저 읽고 꼼꼼하게 봐 주는 나의 열렬한 후원자이다. 그리고 간혹 글이 마음에 들 때면 이런 말로 나를 격려해 준다.

"여보, 이번 글은 신경 좀 썼더라. 수고했어요!"

아무리 감사해도 부족한 나의 스승이며 멘토이신 홍정길 목사님과 바쁘신 중에도 추천의 글을 써 주셔서 책을 더욱 빛내 주신 오정현 목사님, 『연탄길』과 『곰보빵』으로 수많은 독자들에게 사랑의 메시지를 전하고 있는 이철환 작가님께 진심으로 감사드린다.

특별히 이번 책을 감사의 주제에 걸맞게 예쁘게 꾸며 준 일러스트 이승애 선생님과 한 권의 책이 완성되기까지 성실과 인내로 변함없이 최선을 다한 생명의말씀사 모든 식구들에게 감사의 마음을 전한다.

아울러 글을 쓰는 외로운 시간 동안 나의 벗이 되어 준 북한산 자락의 감사 글방 옆의 느티나무에게도 고마운 마음을 전하고 싶다. 끝으로 이 책을 내놓기까지 나의 등 뒤에서 묵묵히 지켜보시고 필요할 때마다 넉넉한 힘과 지혜를 주셨던 나의 주 하나님께 모든 영광과 감사를 올려드린다.

북한산 자락의 감사 글방에서 감사가 넘치는 세상을 꿈꾸며
전 광 목사

사명선언문

너희가 흠이 없고 순전하여……세상에서 그들 가운데 빛들로
나타내며 생명의 말씀을 밝혀 _ 빌 2:15-16

1. 생명을 담겠습니다
만드는 책에 주님 주신 생명을 담겠습니다.
그 책으로 복음을 선포하겠습니다.

2. 말씀을 밝히겠습니다
생명의 근본은 말씀입니다.
말씀을 밝혀 성도와 교회의 성장을 돕겠습니다.

3. 빛이 되겠습니다
시대와 영혼의 어두움을 밝혀 주님 앞으로 이끄는
빛이 되는 책을 만들겠습니다.

4. 순전히 행하겠습니다
책을 만들고 전하는 일과 경영하는 일에 부끄러움이 없는
정직함으로 행하겠습니다.

5. 끝까지 전파하겠습니다
모든 사람에게, 땅 끝까지, 주님 오시는 그날까지
복음을 전하는 사명을 다하겠습니다.

서점 안내

광화문점 종로구 신문로1가 58-1 구세군 회관 2층(110-061)
Tel 02)737-2288 | Fax 02)737-4623

강 남 점 서초구 잠원동 75-19 반포쇼핑타운 3동 2층 전관(137-909)
Tel 02) 595-1211 | Fax 02) 595-3549

구 로 점 구로구 구로 3동 1123-1 3층(152-880)
Tel 02) 858-8744 | Fax 02) 838-0653

노 원 점 노원구 상계동 749-4 삼봉빌딩 지하1층(139-200)
Tel 02) 938-7979 | Fax 02) 3391-6169

분 당 점 경기도 성남시 분당구 서현동 273-1 대현빌딩 3층(463-824)
Tel 031) 707-5566 | Fax 031) 707-4999

신 촌 점 마포구 노고산동 107-1 동인빌딩 8층(121-806)
Tel 02) 702-1411 | Fax 02) 702-1131

일 산 점 경기도 고양시 일산구 주엽동 83번지 레이크타운 지하 1층(411-370)
Tel 031) 916-8787 | Fax 031) 916-8788

의정부점 경기도 의정부시 금오동 470-4 성산타워 3층(484-010)
Tel 031) 845-0600 | Fax 031) 852-6930

인터넷서점 www.lifebook.co.kr